鈴木龍介
Ryusuke Suzuki

編著

登記法
入門

実務の道しるべ

商事法務

はしがき

　「登記」はさまざまな場面で登場する重要かつ不可欠な法務手続の1つといえます。しかしながら、実務に即したかたちで登記をマスターすることは容易ではありませんし、とりわけ登記の基本を学ぶ機会は限定的であり、手探りで対応しているのが実情であるように思われます。

　そのような点を踏まえ、かねてより登記全般にわたる入門的な書籍が必要であろうと考えていましたところ、このたび本書を刊行する機会に恵まれました。

　本書の特徴として、1つ目には登記の具体的なイメージをつかんでいただくために、多くの記載例や図表を登載しました。2つ目には実務や学習の端緒や契機となるように登記関連の多様な分野を取り上げるとともに、可能な限り根拠法令を明示しました。3つ目には執筆陣に現場の第一線で活躍中の司法書士・土地家屋調査士を迎え、常に実務を意識した内容としました。あわせて、本編では触れにくいものの、登記に関して知っておいていただきたい知識やトピックスについては、「NOTE」というかたちで提供するとともに、巻末により深く登記を習得するために有用と思われる文献等を紹介しています。

　本書については、まず法律を学んでいる法学部生や法科大学院生に手にしていただき、登記を身近なものと感じてもらえればと思っています。次に登記実務を専門とはされていない弁護士・税理士などの士業の先生方が傍らに置き、インデックス的に活用いただければと思っています。さらに企業法務に携わる皆様には実務で遭遇する登記に関する諸問題への対処のヒントが提供できればと思っています。

　本書が読者のみなさまのこれからの学習や業務の一助となり、何かしらのお役に立てれば編著者一同にとって大きな喜びといえます。

　最後になりましたが、本書の刊行にあたって、株式会社商事法務の浅沼亨氏、西巻絢子氏には多大なるご支援をいただきました。この場を借りて、感謝の意を表します。

2021年5月　　　　　　　　　　　　　　　　　　　　鈴木　龍介

目　次

第5章　その他の登記 ─────────── 203

図表・記載例・登記記録例　目次

凡　例

不登法 ＝ 不動産登記法（平成 16 年法律 123 号）

不登令 ＝ 不動産登記令（平成 16 年政令 379 号）

不登規 ＝ 不動産登記規則（平成 17 年法務省令 18 号）

不登準則 ＝ 不動産登記等事務取扱手続準則（平成 17 年 2 月 25 日民二 456 号通達）

区分所有法 ＝ 建物の区分所有等に関する法律（昭和 37 年法律 69 号）

商登法 ＝ 商業登記法（昭和 38 年法律 125 号）

商登規 ＝ 商業登記規則（昭和 39 年法務省令 23 号）

商登準則 ＝ 商業登記等事務取扱手続準則（平成 17 年 3 月 2 日民商第 500 号通達）

会社整備法 ＝ 会社法の施行に伴う関係法律の整備等に関する法律（平成 17 年法律 87 号）

法人法 ＝ 一般社団法人及び一般財団法人に関する法律（平成 18 年法律 48 号）

ＮＰＯ法 ＝ 特定非営利活動促進法（平成 10 年法律 7 号）

ＬＬＰ法 ＝ 有限責任事業組合契約に関する法律（平成 17 年法律 40 号）

動産・債権特例法 ＝ 動産及び債権の譲渡の対抗要件に関する民法の特例等に関する法律（平成 10 年法律 104 号）

動産・債権登令 ＝ 動産・債権譲渡登記令（平成 10 年政令 296 号）

動産・債権登規 ＝ 動産・債権譲渡登記規則（平成 10 年法務省令 39 号）

任意後見法 ＝ 任意後見契約に関する法律（平成 11 年法律 150 号）

後見登記法 ＝ 後見登記等に関する法律（平成 11 年法律 152 号）

立木法 ＝ 立木ニ関スル法律（明治 42 年法律 22 号）

登免税法 ＝ 登録免許税法（昭和 42 年法律 35 号）

第 1 章

登記総論
General Theory of Registration

1　登記の意義

　登記は、一定の事項を広く社会に公示するために公開される公簿（**登記簿**）に記載・記録し、主に取引関係に入ろうとする第三者に対して権利・権利関係・権利主体の内容をあらかじめ明らかにすることで、**不測の損害を防止**するための制度であるといえます（不登法1条、商登法1条）。

　言い換えると、国が運営・管理する、取引の信頼と安全を図るためのデータベースという評価をすることができるのではないでしょうか。

2　登記の種別

　登記には、さまざまなものがあります。不動産登記や商業登記のように明治時代に創設され国民生活に深く根付いているものから、平成に入って誕生した動産・債権譲渡登記や成年後見登記といった比較的新しいものもあります。また、馴染みは薄いかも知れませんが、立木や船舶等の動産に関する登記といったものもあります。

3　法令と登記先例

　登記は、法令の規定にしたがって運用されています。なお、登記官には一定の独立性が認められていますが、おおむね日本全国で共通的な運用がなされています。

　実体法（たとえば民法）の規律に基づき、手続法（たとえば不動産登記法）が定められ、その委任にしたがって政令（たとえば不動産登記令）や省令（たとえば不動産登記規則）によって細則が設けられています。また、登記申請をするにあたっては、原則として国税である登録免許税を納付しなければなりませんが、これについては登録免許税法に規定が設けられています。

　実際の現場での多種多様な登記事務の処理に関して、これらの法令だけでカバーすることは困難です。そこで登記を所管する法務省内部の行政上の命令である、いわゆる**登記先例**と呼ばれるものが重要になってきます。登記先例には

発出される内容等に応じて、法務省民事局長が発出する最も基本となる登記先例が「**通達**」、民事局長に代わり民事局の各課課長が発出する「**依命通知**」、民事局の各課長が発出する「**通知**」、現場の法務局等からの照会に対して発出する「**回答**」などの形態があります。さらに、条文形式を採用している「**準則**」（たとえば**不動産登記事務取扱手続準則**）と呼ばれるものも登記先例にあたります。

　登記先例は法務省の下級の行政機関にあたる法務局や登記官に対しては拘束力を有するものの、国民や裁判所を直接的に拘束するものではありません。ただし、立法の背景や趣旨、制度の目的等を考慮したうえで発出されていることから、事実上の権威があり、実務にも大きな影響を与えることになります。また、登記先例は登記実務に関するものではあるものの、中には結果として実体上のルールを形成するものもあります。

　ちなみに、登記先例について、たとえば会社法制定時に発出されたものは「平成18・3・31民商782号通達」と表記されることが多いですが、冒頭の年月日は当該先例が発出された日であり、次の「民商」というのは当該先例を所管する部門を指し、この例であれば民事局商事課の略ということになります。次の号数は暦年で発出された順序に振られる通番であり、最後の「通達」とは前述したとおりの発出の形態を指します。

4　実務上の位置づけ

　登記の実務上の位置づけとしては、以下のような評価をすることができます。

（1）オーソライズされた情報ソース

　登記は法令という明確なルールにしたがって運用され、恣意的にある情報を隠したり、オープンにしたりといったことはできません。たとえば株式会社において、有力な株主の存在をアピールしたいので株主を登記するとか、代表取締役の住所はプライバシーにかかわるから登記しないということは許されません。

　登記は法定された手続に基づき申請によることとなっています。それに反した場合には法的なペナルティ等も設けられています。たとえば、商業登記の場

合、登記義務が課せられており、それを怠った場合には過料制裁の対象となります（会社法976条1号）。また、公簿である登記簿に虚偽の記録をさせるような申請を行った場合には、公正証書原本不実記載等罪が成立します（刑法157条）。

登記は、絶対に正しい情報であるとはいえないものの、一定の真実性が担保される信頼性の高い情報であるとともに、取引等において最低限確認しておかなければならない情報であるといえます。

（2）法務手続の完結点

各種の法務手続の最終局面で登記が登場するケースが少なくありません。たとえば、不動産売買取引においては、不動産の売買代金決済・引渡しと、不動産登記は同時履行的に行われるのが一般的です。また、株式会社の定時株主総会においては、決算の取りまとめから始まり、招集通知を送付し、実際の開催をした後に議事録を作成し、商業登記の申請を行うことになります。

登記は、実務上「**登記ができなければ始まらない。登記ができなければ終わらない。**」と評されるように、法務手続における完結点として失敗の許されない手続といえます。

（3）実体法ルールのエンフォースメント

登記には、実体法の規律が適法・適正に行われることを強制もしくは促進する機能があるといえます。たとえば、株主総会を開催した場合には株主総会議事録を作成することが義務付けられているところ（会社法318条1項）、商業登記における登記すべき事項について株主総会の決議を要する場合、当該登記申請には株主総会議事録を添付しなければならないとされています（商登法46条2項）。つまり、商業登記が株主総会議事録の作成という実体法である会社法上の義務を間接的にではあるものの強制していることになります。

5　登記に関連する機関・職能

（1）アウトライン

　登記を所管している行政庁は法務省であり、その下部組織が法務局ということになります。実務の現場では「**登記所**」という呼び方をすることもありますが、これは行政機関としての名称ではなく、法令の規定の中での呼称であって、登記を取り扱う役所という意味です。

　登記を業務とする職能には、いわゆる国家資格者である司法書士と土地家屋調査士が存在します。なお、弁護士は、法律上、司法書士が行う登記業務を行うことが可能です。また、**公証人**は公証人法に基づき法務大臣が任命する公務員ですが、任意後見契約公正証書の作成や株式会社の定款認証といったように登記に直接的もしくは間接的に関与する職能といえます。

（2）法務省・法務局・登記官

①　法務省

　法務省の中で登記を所管するのは**民事局**です。さらに具体的な事務については、民事第一課が成年後見登記を、民事第二課が不動産登記を、商事課が商業・法人登記と動産・債権譲渡登記を担当しています**【図表 1-5-1：法務省の組織図（一部省略）】**。

②　法務局

　法務局は、法務省の地方組織の一つとして、国民の財産や身分に関係する登記・戸籍・国籍・供託といった民事行政事務、国の利害に関係する訴訟活動といった訟務事務、国民の基本的人権を守る人権擁護事務を担っています。

　法務局の組織は、全国を 8 ブロックに分け、各ブロックに「法務局」（8 か所）を置き、「法務局」の下に都道府県（ただし、北海道は 3 か所）を単位とするエリアを受けもつ「地方法務局」（42 か所）が置かれ、さらに「法務局」・「地方法務局」のエリアを細分化した「支局」と「出張所」が設けられています。

【図表 1-5-1：法務省の組織図（一部省略）】

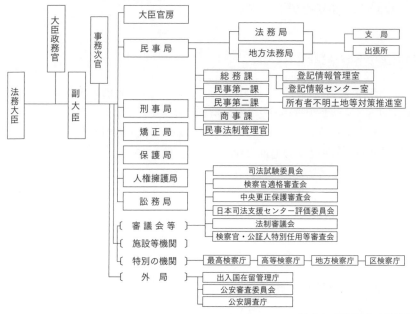

（令和 3（2021）年 4 月現在）

　法務局は、受け持つ事務に関して、基本的にはエリアによる管轄が設定されています。たとえば、本店を東京都新宿区とする会社の商業登記は「東京法務局新宿出張所」が管轄法務局です。ちなみに、法務局の支局や出張所は統廃合されることもありますし、受け持つエリアが変更になることもあります。

　法務局は国の機関であることから、土・日曜日、国民の休日と年末年始（12月 29 日〜1 月 3 日）を除き、8:30〜17:15 まで開庁しています**【図表 1-5-2：東京法務局の管轄】**。

③　登記官

　登記官とは、登記事務を取り扱う法務事務官（国家公務員）です。法務局で従事する職員のすべてが登記官というわけではなく、各法務局長によって指定されます。ちなみに、登記事項証明書の末尾にある認証文の付与は登記官が行うことになっています。

【図表 1-5-2：東京法務局の管轄】

庁名	不動産登記管轄区域	商業・法人登記管轄区域
東京法務局	千代田区，中央区，文京区，大島町 利島村，新島村，神津島村，三宅村 御蔵島村，八丈町，青ヶ島村，小笠原村	不動産登記管轄区域と同じ
板橋出張所	板橋区	不動産登記管轄区域と同じ
江戸川出張所	江戸川区	不動産登記管轄区域と同じ
北出張所	北区，荒川区	不動産登記管轄区域と同じ
品川出張所	品川区	不動産登記管轄区域と同じ
渋谷出張所	渋谷区，目黒区	不動産登記管轄区域と同じ
城南出張所	大田区	不動産登記管轄区域と同じ
城北出張所	足立区，葛飾区	不動産登記管轄区域と同じ
杉並出張所	杉並区	不動産登記管轄区域と同じ
新宿出張所	新宿区	不動産登記管轄区域と同じ
墨田出張所	墨田区，江東区	不動産登記管轄区域と同じ
世田谷出張所	世田谷区	不動産登記管轄区域と同じ
台東出張所	台東区	不動産登記管轄区域と同じ
立川出張所	立川市，昭島市，日野市，武蔵村山市 東大和市，国分寺市，国立市	不動産登記管轄区域と同じ
田無出張所	小平市，東村山市，西東京市 清瀬市，東久留米市	不動産登記管轄区域と同じ
豊島出張所	豊島区	不動産登記管轄区域と同じ
中野出張所	中野区	不動産登記管轄区域と同じ
西多摩支局	青梅市，福生市，羽村市 あきる野市，西多摩郡	不動産登記管轄区域と同じ
練馬出張所	練馬区	不動産登記管轄区域と同じ
八王子支局	八王子市	不動産登記管轄区域と同じ
府中支局	武蔵野市，三鷹市，府中市，調布市 小金井市，狛江市，多摩市，稲城市	不動産登記管轄区域と同じ
町田出張所	町田市	不動産登記管轄区域と同じ
港出張所	港区	不動産登記管轄区域と同じ

（令和 3（2021）年 4 月 1 日現在）

（3）司法書士・土地家屋調査士

① 司法書士

司法書士は、司法書士法の規定に基づき、不動産の表示登記を除く、登記全

般の申請の代理等を行う職能です（令和3（2021）年4月1日現在、全国で22,718人）。登記業務以外としては、供託申請代理・訴訟事務・簡易裁判所における訴訟代理・成年後見等の財産管理といった業務を行っています。

　司法書士は、日本司法書士会連合会（日司連）が備える名簿に登録し、各法務局単位で設けられている司法書士会に入会する必要があります。

　司法書士は、個人に与えられた資格ですが、法人化（**司法書士法人**）することも認められています（令和3（2021）年4月1日現在、全国で852法人）。

②　土地家屋調査士

　土地家屋調査士は、土地家屋調査士法の規定に基づき、**不動産の表示登記**申請の代理等を行う職能です（令和2（2020）年4月1日現在、全国で16,240人）。登記業務以外としては、一定の不動産の測量や筆界特定手続代理といった業務を行っています。

　土地家屋調査士は、日本土地家屋調査士会連合会（日調連）が備える名簿に登録し、各法務局の単位で設けられている土地家屋調査士会に入会する必要があります。

　土地家屋調査士は、個人に与えられた資格ですが、法人化（**土地家屋調査士法人**）することも認められています（平成31（2019）年4月1日現在、全国で385法人）。

6 登記に関連する情報等

(1) アウトライン

登記に関する情報は、登記簿や登記ファイルに記録されます。登記簿等は公開が原則とされていて、その情報をだれでも取得することができます。また、不動産に関する図面も管轄法務局に備え付けられており、登記簿の情報と同様にだれでも取得することができます。加えて、会社や法人の印鑑証明書も商業・法人登記に紐づいた情報といえます。

以下では登記の中心的な存在であるといえる不動産登記と商業登記をベースに登記に関連する情報について言及することとします。

(2) 取得できる情報等

① 登記事項証明書

登記簿に記録されている情報を出力し、登記官が認証文を付与したものが「登記事項証明書」といわれるものです。それを交付請求し入手することで、登記簿に記録されている情報を取得することになります**【記載例 1-6-1：不動産登記事項証明書】**(p.14)。

従前、登記簿は紙で調製されており、登記簿に記載されている情報を取得するには**登記簿謄本**の交付請求をしていました。その頃の名残りで、今も現場では登記事項証明書を登記簿謄本と呼ぶことがあります。

登記事項証明書にも、その目的等に応じた種類分けがなされています。たとえば、不動産登記に関する登記事項証明書の主なラインナップは次のとおりです(不登規 196 条)。

(a) 全部事項証明書

「全部事項証明書」とは、登記簿に記録された全部をアウトプットした証明書です。一定の期間内であれば、すでに抹消された抵当権の登記であっても記載されます。

(b) 現在事項証明書

「現在事項証明書」とは、登記簿に記録された事項のうち現在効力のある事

項のみをアウトプットした証明書です。たとえば、すでに抹消された抵当権の登記については記載されません。

（c）閉鎖事項証明書

「閉鎖事項証明書」とは、法令の規定により閉鎖された登記簿に記録された事項をアウトプットした証明書です。

②　不動産関係図面

　主な不動産関係の図面には次のものがあります。それらの図面も登記事項証明書と同様に、基本的に登記官の認証文が付与されたかたちで取得することができます。

（a）公　図

「公図」とは、不動産登記法第14条に規定される地図とその地図に準ずる図面の通称です。基本的に公図に記載されていない土地はありませんが、必ずしも実体を正確に表しているとはいえず、その土地のおおまかな位置関係と形状を表した図面ということになります**【記載例1-6-2：公図】**（p.15）。

（b）地積測量図

「地積測量図」とは、土地の測量の結果を明らかにした図面で（不登令2条3号）、土地の形状や隣接する土地との位置関係のほか求積の方法や境界標の位置などが記載されています（不登規77条）。

　現在は土地の分筆等の一定の表示登記を申請する際に、申請人が地積測量図を提供することとされており、それが法務局に備え付けられ公開されます。ただし、地積測量図が制度化されたのは昭和35（1960）年からですので、すべての土地に地積測量図があるわけではありません**【記載例1-6-3：地積測量図】**（p.16）。

（c）建物図面・各階平面図

「建物図面」とは、建物の位置を明らかにした図面で（不登令2条5号）、建物とその敷地とにおける配置などが記載されています（不登規82条）。**「各階平面図」**とは各階層の平面の形状を明らかにした図面であり（不登令2条6号）、建物の周囲の長さや求積の方法などが記載されています（不登規83条）。なお、建物図面と各階平面図は通常、ワンセットで作成されます。

　現在は建物の新築等一定の表示登記を申請する際に、申請人が建物図面・各

階平面図を提供することとされており、それが法務局に備え付けられ公開されます。ただし、建物図面・各界平面図が制度化されたのは、地積測量図と同様に昭和 35（1960）年からということで、すべての建物に建物図面・各階平面図があるわけではありません**【記載例 1-6-4：建物図面・各階平面図】**（p.17）。

③　会社・法人の印鑑証明書

会社・法人の代表者は、管轄法務局に印鑑を提出することができ、それに基づき印鑑証明書が交付されます（商登法 12 条）。

従来、会社・法人は印鑑の提出が義務付けられていましたが、いわゆる令和元年改正会社法（令和元年法律 70 号）の整備法（令和元年法律 71 号）の中で商業登記法の改正が行われ、印鑑の提出が任意化されることになりました**【記載例 1-6-5：印鑑証明書（株式会社）】**（p.18）。

（3）取得の方法

登記事項証明書等は、手数料を納付して取得することができます（商登法 119 条、商登法 10 条）。その具体的な取得の方法は次のとおりです。

①　出　頭

請求者が管轄法務局に赴き、交付申請書を提出し、登記事項証明書等を取得することができます（不登規 194 条 1 項、商登規 18 条）。

②　郵　送

請求者が管轄法務局に交付申請書を郵送し、登記事項証明書等を取得することができます（不登規 194 条 1 項、商登規 18 条）。

③　登記情報交換システム

請求者が管轄法務局以外の他の法務局に赴き、交付申請書を提出し、登記事項証明書を取得することができます（不登法 119 条 5 項、商登法 10 条 2 項）。

④　オンライン請求

請求者が法務局にインターネットにより請求し、登記事項証明書等を当該法

務局に赴き受領するか、または送付してもらって取得することができます（不登規 194 条 3 項、商登規 101 条 1 項）。

⑤　インターネット登記情報提供サービス

登記事項証明書等と同一の内容の情報について、インターネットにより当該情報を取得することができます（電気通信回線による登記情報の提供に関する法律。http://www1.touki.or.jp/gateway.html）。なお、前記の①〜④との違いとして、当該情報には登記官の認証文は付与されません。

（4）登記申請情報等の閲覧

利害関係人は、手数料を納付して、管轄法務局に保管されている登記申請情報（登記申請書）や添付情報（添付書類）を閲覧することができます（不登規 121 条、商登規 21 条）。あくまで閲覧なので写しの交付を請求することはできませんが、スマートフォン等で撮影することは可能です。

【記載例 1-6-6：不動産登記事項証明書等の交付申請書】（p.19）
【図表 1-6-7：登記事項証明書等取得の手数料】

【図表 1-6-7：登記事項証明書等取得の手数料】

不動産登記，商業・法人登記における主な登記手数料		
登記事項証明書	書面請求	６００円
	オンライン請求・送付	５００円
	オンライン請求・窓口交付	４８０円
登記事項要約書の交付・登記簿等の閲覧		４５０円
地図等情報	書面請求	４５０円
	オンライン請求・送付	４５０円
	オンライン請求・窓口交付	４３０円
印鑑証明書	書面請求	４５０円
	オンライン請求・送付	４１０円
	オンライン請求・窓口交付	３９０円
筆界特定	筆界特定書の写し	５５０円
	図面の写し	４５０円
	手続記録の閲覧	４００円
登記識別情報に関する証明	書面請求	３００円
	オンライン請求・交付	３００円

登記情報提供サービスにおける主な手数料	
全部事項 （不動産、商業・法人の登記記録の全部の情報）	３３４円
所有者事項 （不動産の所有権の登記名義人の氏名（名称）・住所（事務所）のみに関する情報）	１４４円
地図・地図に準ずる図面・土地所在図・地積測量図・地役権図面・建物図面・各階平面図が記録されたファイルに記録されている情報	３６４円
登記事項概要ファイルに記録されている情報 （動産譲渡又・債権譲渡）	１４４円

（令和3（2021）年4月1日現在）

【記載例 1-6-1：不動産登記事項証明書】

表　題　部（土地の表示）		調製	令和○年2月25日	不動産番号	0123456789123
地図番号	余白	筆界特定	余白		
所　　在	新宿区西新宿一丁目			余白	
①地　番	②地　目	③　地　積　㎡		原因及びその日付〔登記の日付〕	
△番□	宅地	100 | 80		△番○から分筆〔平成○年3月6日〕	

権　利　部（甲　区）　（所有権に関する事項）			
順位番号	登記の目的	受付年月日・受付番号	権利者その他の事項
1	所有権移転	昭和○年10月1日第○○○○号	原因　昭和○年10月1日売買 所有者　千代田区麹町一丁目△番地 　山　田　太　郎 順位番号1番の登記を移記
2	所有権移転	平成○年5月25日第○○○○号	原因　平成○年5月25日売買 所有者　新宿区西新宿一丁目△番□号 　株式会社ABC商事

権　利　部（乙　区）　（所有権以外の権利に関する事項）			
順位番号	登記の目的	受付年月日・受付番号	権利者その他の事項
1	抵当権設定	平成○年6月14日第○○○○号	原因　平成○年6月14日金銭消費貸借契約同日設定 債権額　金2,400万円 利息　年1・2%（年365日日割計算） 損害金　年14%（年365日日割計算） 債務者　新宿区西新宿一丁目△番□号 　株式会社ABC商事 抵当権者　千代田区大手町一丁目△番□号 　株式会社帝国銀行 　（取扱店　新宿支店） 共同担保　目録(○)第○○○○号

QRコード

これは登記簿に記載されている事項の全部を証明した書面である。

令和○年6月20日

東京法務局新宿出張所　　　　　　　登記官　　　法務太郎　印

※　　下線のあるものは抹消事項であることを示す。　　　　　整理番号D3○○○○　　　1／1

【記載例 1-6-2：公図】

これは地図に記録されている内容を証明した図面である。

令和○年7月1日
東京法務局

地図整理番号： M01234　　　　登記官　　　　　法 務 三 郎　㊞

(1/1)

【記載例1-6-3：地積測量図】

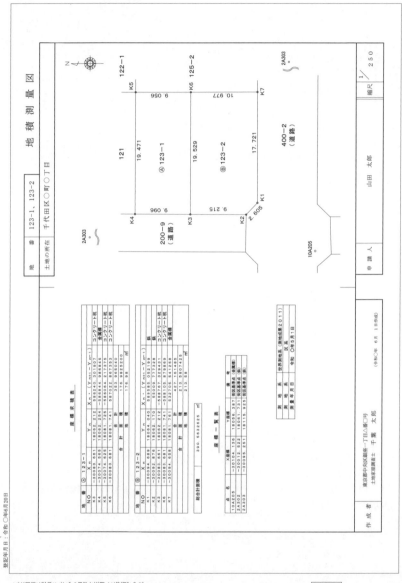

【記載例 1-6-4：建物図面・各階平面図】

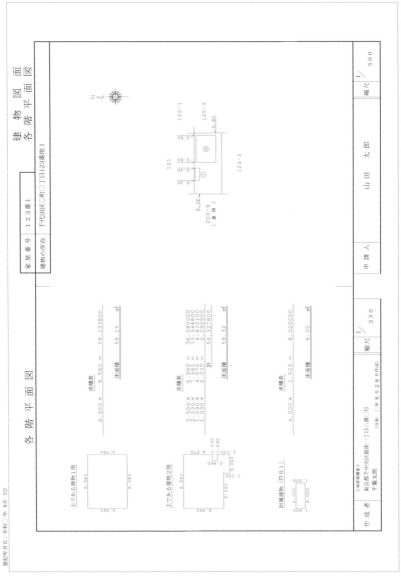

【記載例 1-6-5：印鑑証明書（株式会社）】

印 鑑 証 明 書

会社法人等番号　　〇〇〇〇〇1〇〇〇〇〇〇

商　　　　号　　　株式会社ＡＢＣ商事

本　　　店　　　東京都新宿区西新宿一丁目△番□号

代表取締役　　山　田　　一　郎

昭和〇年5月10日生

これは提出されている印鑑の写しに相違ないことを証明する。

令和〇年6月14日

東京法務局新宿出張所

登記官　　　　　　　　　　　　法　務　三　郎　　　印

整理番号　ト〇〇〇〇〇〇

【記載例 1-6-6：不動産登記事項証明書等の交付申請書】

	登記事項証明書 登記簿謄本・抄本 交付申請書

不動産用

※ 太枠の中に記載してください

窓口に来られた人 （申請人）	住所　東京都千代田区麹町一丁目○番地 フリガナ　ヤマダ　イチロウ 氏名　山田　一郎	収入印紙欄

※地番・家屋番号は，住居表示番号（○番○号）とはちがいますので，注意してください。

種別 （レ印をつける）	郡・市・区	町・村	丁目・大字・字	地番	家屋番号 又は所有者	請求 通数
1 ☑土地 2 □建物	千代田区	麹町	一丁目	○番地		1
3 □土地 4 □建物						
5 □土地 6 □建物						
7 □土地 8 □建物						
□財団（□目録付） 9 □船舶 □その他						

収入印紙

収入印紙

収入印紙は割印をしないでここに貼ってください。（登記印紙も使用可能）

※共同担保目録が必要なときは，以下にも記載してください。
次の共同担保目録を「種別」欄の番号＿＿＿＿＿番の物件に付ける。
　☑現に効力を有するもの　□全部（抹消を含む）□（＿）＿＿＿＿号

※該当事項の□にレ印をつけ，所要事項を記載してください。

☑ 登記事項証明書・謄本（土地・建物）
　専有部分の登記事項証明書・抄本（マンション名＿＿＿＿＿＿＿＿＿）
　□ただし，現に効力を有する部分のみ（抹消された抵当権などを省略）

□ 一部事項証明書・抄本（次の項目も記載してください。）
　共有者＿＿＿＿＿＿＿＿＿に関する部分

□ 所有者事項証明書（所有者・共有者の住所・氏名・持分のみ）
　□ 所有者　　□ 共有者＿＿＿＿＿＿＿

□ コンピュータ化に伴う閉鎖登記簿
□ 合筆，滅失などによる閉鎖登記簿・記録（昭和平成＿＿年＿＿月＿＿日閉鎖）

交付通数	交付枚数	手数料	受付・交付年月日

（乙号・1）

7　登記の申請等

（1）アウトライン

　登記は、原則として当事者の**登記申請**によることになります（不登法16条1項、商登法14条／**当事者申請主義**）。

　当事者申請主義の特則として、法令の規定に基づく官公署（国・地方公共団体・裁判所等）が行う**嘱託登記**と登記官が行う**職権登記**があります。

　以下では実務上登場する頻度の高い不動産権利登記または商業登記の申請を念頭に言及することにします。

（2）申請の手続

　登記申請の具体的な方法は次のとおりです。

①　申請の方法
（a）出頭申請
　登記申請人（または代理人）が登記申請書と添付書類を管轄法務局に持参して申請することができます（不登法18条2号、商登法17条1項）。
（b）郵送申請
　登記申請人（または代理人）が登記申請書と添付書類を管轄法務局宛に郵送して申請することができます（不登法18条2号、商登法17条1項）。
（c）オンライン申請
　登記申請人（または代理人）が登記申請情報と添付すべき情報の全部または一部をインターネットにより送信して申請することができます（不登法18条1号、行政手続等における情報通信の技術に利用に関する法律6条）。

　添付情報の一部をインターネットにより送信しない場合、書面として管轄法務局に出頭または郵送により提出することも可能です。この申請の方法については、俗に「**特例方式**」や「**半ライン申請**」と呼ばれることがあります。

②　申請情報・申請書

　登記申請人等は、登記申請にあたり、法定された事項を記録（記載）した登記申請情報（登記申請書）を管轄法務局に提供（提出）する必要があります（不登法18条1項柱書、不登令3条1号〜13号、不登規34条、商登法17条2項等）。

　登記申請人は、前記①の申請の方法から選択し、それに応じてインターネットで送信する登記申請情報または紙である登記申請書によって申請することになります。

③　添付情報・添付書類

　登記申請人は、登記申請にあたり、法定された添付情報（添付書類）を登記申請情報（登記申請書）とともに提供（提出）する必要があります（不登法22条、不登令7条1号〜6号、不登規72条3項、商登法18条等）。

　紙である添付書面については、原本を提出するのが原則です。ただし、法令で許されていない場合を除き、登記申請時に当該書面の写しを提出し、登記官の確認を得ることにより原本の返却を受けることができます（不登規55条、商登規49条／**原本還付請求**）。

④　登録免許税

（a）納付の原則

　登記申請人は、**登記申請時**に**登録免許税法**の規定に基づき国税である**登録免許税**を納付しなければならず、不納付の場合には当該登記申請は却下されることになります（不登法25条12号、商登法24条15号）。

　登録免許税は登録免許税法や租税特別措置法等の法令の規定に基づき免除されたり、軽減を受けることができる場合があります。

（b）計算の方法

　登録免許税には登録免許税法で規定された課税標準に対して一定額を納付するもの（**定額課税**）と、課税標準に一定の税率を乗じて算出された額を納付するもの（**定率課税**）とがあります。定額課税の例としては、不動産の個数を課税標準とする抵当権の抹消登記（登免税別表1・1（15））や役員等の変更登記（登免税別表1・24カ）があります。定率課税の例としては、不動産の価額を課税標準として1000分の20を乗じて算出される売買による所有権移転登記（登

免税別表1・1（2）ハ）や、増加した資本金の額を課税票従として1000分の7を乗じて算出される株式会社の増資の登記（登免税別表1・24ニ）があります。なお、不動産の価額を課税標準とする場合の価額については、固定資産課税台帳（地方税法341条9号）に登録された額を用いることとされています（登免税附則7条）。

　課税標準の価額に1,000円未満の端数があるときにはそれを切捨てて処理し（国税通則法118条1項）、算出された登録免許税額に100円未満があるときにはそれを切捨てたものを納付します（国税通則法119条1項）。

（c）納付の方法

　登録免許税は現金での納付が原則です。具体的には登録免許税相当額を銀行等で納付し、発行される領収証書を登記申請書に貼付することになりますが、実務上は登記申請書に収入印紙を貼付して納付するのが一般的です。なお、オンライン申請の場合には、インターネットバンキングにより電子納付することができます（登免税21条～24条の2）。

（3）申請後の処理等

①　オーソドックスな流れ

　登記申請がなされると、登記官は当該申請の受付をし（不登規56条1項、商登法21条）、調査を開始します（不登規57条1項、商登規38条）。

　調査の結果、却下事由（不登法25条、不登令20条、商登法24条）等の不備がない場合には登記を実行し、申請の内容が登記簿に反映され、登記は完了となります。なお、登記の抹消等がなされ、登記の効力を有しなくなった事項については、登記記録に下線が引かれることになります。

　不動産登記の場合には、加えて当事者である申請人等に登記識別情報等の通知がなされます。

②　補　正

　登記官の調査の過程で申請の内容に不備があった場合でも、それが比較的軽微なものであるときには、登記官はただちに当該申請を却下せずに登記申請人に不備に対する修正・補完である「**補正**」を促し、登記申請人は補正することができます（不登法25条柱書ただし書、不登規60条、商登法24条柱書ただし書）。

補正をした場合には、当初の申請日や受付番号は維持され、その後は前記の「① オーソドックスな流れ」に戻って手続が進行することになります。

③ 取下げ

登記申請人は、登記申請後完了前または却下前であれば、自発的に当該申請の「**取下げ**」をすることができます。登記官は、登記申請に却下事由があった場合でも、ただちに申請を却下せずに、登記申請人に取下げを促すこととされています。

取下げには、補正のための取下げと申請意思の撤回があります。取下げをした場合には、申請がなかったことになりますので、当初の申請日や受付番号は維持されませんが、書面による申請の場合には申請書や添付書面は登記申請人に返還されますので、それらを再度利用してあらためて登記申請をすることも可能ということになります。

④ 却 下

登記官は、登記申請に却下事由がある場合で、登記申請人が補正や取下げに応じないときには、その申請を「**却下**」します（不登法 25 条柱書本文、商登法 24 条柱書本文）。なお、登記官は、登記申請を却下するときには、理由を付した決定書を申請人に交付することになります。

（4）審査請求

登記官が行った処分に対する不服申立てとして、当該登記官を監督する法務局長に審査請求をすることができます（不登法 156 条～、商登法 142 条～）。

審査請求をできるのは登記官の処分の是正を求めることに法律上の利益を有する者であり、典型例としては登記申請に却下事由がないにもかかわらず却下された登記申請人が該当します。

審査請求の手続は、処分をした登記官を経由して行うことになります。まず、登記官自身が審査請求に理由があると判断したときには、それに応じた処分を行います。一方で登記官が審査請求に理由がないと判断したときには、意見を付して事件を審査庁である法務局長に送付します。それを受けた法務局長が審査請求に理由があると判断したときには、登記官に相応の処分を命じるととも

に、審査請求人と利害関係人に通知をします。一方で法務局長が審査請求に理由がないと判断したときには、裁決をもって審査請求を棄却します。審査請求人がそれでも不服があるときには、抗告訴訟を提起することになります。

NOTE ①　登記と登録

　「登記」と類似したものに「登録」という制度があります。

　登記と登録はどこが違うかといえば、両者を区別するおおまかなメルクマールは次の2つといえそうです。

　1つ目としては、いわば形式的な、公簿を所管する組織（官庁）の違いです。具体的には法務省が所管にする公簿への記録を登記といい、それ以外の組織（官庁）が所管する公簿への記載を登録と呼んでいます。たとえば、動産を対象とするものでも法務省が所管する船舶や農業用動産は登記ですが、国土交通省が所管する自動車や航空機は登録です。ただし、例外もあって、少々マイナーですが鉱業法に基づく鉱業賠償については法務省が所管していますが登録です。ちなみに、「鉱害登録簿」は登記所（法務局）に備えられ、賠償の支払いに関しては該当する不動産の登記簿に記録することになっています（鉱害賠償登録令・鉱害賠償登録規則）。また、少々ややこしいですが、船舶については、登記とともに登録の制度も設けられています。

　2つ目としては、実質的な目的つまり制度趣旨の違いです。登記の目的は私人間の紛争防止のための情報提供ということで公示が原則です。一方で登録は、必ずしも私人に対する情報提供を目的としているとは限りません。もっぱら行政上の管理のために整備されるものもありますし、あるいは、公示という目的と、公的な管理という目的とを複合的に兼ね備えているものもあります。たとえば、「自動車登録」は公示することが前提となっておらず、行政上の管理が主目的であるといえます。これにも例外はあって、「成年後見登記」については、確かに私人間の紛争防止のための情報提供という性質はありますが、誰でも見られるといった純粋な公示の制度とはいえません。

第2章

不動産登記

Real Property Registration

1　不動産登記総論

（1）アウトライン

①　不動産の意義等

　民法では、不動産を土地とその定着物と規定しています（民法 86 条 1 項）。ここでいう定着物とは、建物、建物以外の工作物（たとえば道路や鉄塔）や樹木を指します。

　一方、不動産登記法では、不動産を土地と建物と規定しています（不登法 2 条 1 号）。ちなみに、ここでいう土地には水底（海底や川底）は含まれません。また、ガスタンクや容易に移動できる物置は建物には該当しません。なお、建物については「**家屋**」という用語が使われる場合もあります。

　土地の単位は、「**筆（ひつ）**」とカウントするのが一般的です。建物の単位は「**個（こ）**」とカウントする場合と「**棟（とう）**」とカウントする場合とがあります。典型例としては、「建物の区分所有等に関する法律」では、区分建物（たとえばマンションの一室）を「個」とカウントし、区分建物の全体（たとえばマンション全体）を「棟」とカウントします。

②　不動産登記の意義等

　不動産登記とは、国民の重要な財産である不動産の権利を保全し、取引の安全を図るために、「不動産の表示」と「不動産に関する権利」を公示するという制度です（不登法 1 条）。

　「**不動産の表示**」とは、不動産の物理的現況を明らかにし、他の不動産と区別し特定するためのものです（不登法 2 条 2 号）。それらの登記を「**表示（に関する）登記**」といいます（不登法 2 条 3 号）。

　「**不動産に関する権利**」とは、不動産登記法で規定されている実体上の物権等をいい、それらの権利の変動である保存・設定・移転・変更・処分の制限・消滅の登記を「**権利（に関する）登記**」といいます（不登法 2 条 4 号）。

（2）不動産登記の効力

　不動産権利登記には、次のとおりの法的な効力があります。

①　対抗力

　対抗力とは、不動産に関する権利の変動は登記をしなければ第三者に主張することができないというものです（民法177条等）。

　たとえば、同じ土地を先に購入したＡさんと、後に購入したＢさんとの関係（二重譲渡）は、実体上の効力にかかわらず登記を先にした者が優先され、仮にＢさんが先に登記をしたとすると、ＢさんはＡさんに当該土地の取得を主張することができるということになります。極端なことをいえば１秒でも早く登記をしたものが"勝つ"わけです。ただし、対抗力はあくまで第三者間での問題であり、当事者である、たとえば売主と買主との関係では、対抗力すなわち登記の有無（先後）は問題になりません。

②　権利推定力

　権利推定力とは、登記された権利の内容が推定されるというもので、判例・学説により導き出された効力です。ただし、日本の不動産登記制度には**公信力**はありませんので、必ずしも登記された権利の内容が正しいとはいえないということになります。

　たとえば、登記上の所有者が甲さんとなっていれば、甲さんが所有者であることが推定されます。しかしながら、実は真の所有者は乙さんであり、それを立証できれば、乙さんが所有者として、甲さんの登記は覆ることとなり、仮に丙さんが甲さんから所有権の移転登記を受けたとしても、丙さんが所有権を取得することはできません。

③　形式的確定力

　形式的確定力とは、登記された内容が実体と合致していない場合でも、一度登記された以上はその登記を無視して別の登記を行うことはできないというもので、実務の観点に基づく効力です。

　たとえば、ＸさんからＹさんへの所有権の移転登記が間違っていたとしても、Ｙさんの所有権の登記のままでＸさんからＺさんへの所有権の移転登記を行う

ことはできず、まずはYさんの所有権の移転登記を抹消してからでなければX
さんからZさんへの所有権の移転登記は行えません。

（3）不動産登記と法令等

　不動産登記は民法・借地借家法・信託法といった実体法の規律を前提に、手

【図表 2-1-1：不動産登記法の構成】

章	節	款	条
1．総則			1〜5
2．登記所及び登記官			6〜10
3．登記記録等			11〜15
4．登記手続	1．総則		16〜26
	2．表示に関する登記	1.通則	27〜33
		2.土地の表示に関する登記	34〜43
		3.建物の表示に関する登記	44〜58
	3．権利に関する登記	1.通則	59〜73
		2.所有権に関する登記	73の2〜77
		3.用益権に関する登記	78〜82
		4.担保権等に関する登記	83〜96
		5.信託に関する登記	97〜104の2
		6.仮登記	105〜110
		7.仮処分に関する登記	111〜114
		8.官庁又は公署が関与する登記等	115〜118
5．登記事項の証明等			119〜122
6．筆界特定	1．総則		123〜130
	2．筆界特定の手続	1.筆界特定の申請	131〜133
		2.筆界の調査等	134〜141
	3．筆界特定		142〜145
	4．雑則		146〜150
7．雑則			151〜158
8．罰則			159〜164
附則			

※いわゆる令和3年改正（令和3年法律24号）後

続法である**不動産登記法**の規定によることになっています。そのうえで不動産登記法の委任に基づく政令である**不動産登記令**、さらに省令である**不動産登記規則**で細則が定められています。それらの法令を補完するかたちで**不動産登記事務取扱手続準則**等の登記先例（p.3）によって具体的な運用がなされています【**図表 2-1-1：不動産登記法の構成**】。

（4）不動産登記制度の沿革

①　前　史

　明治時代初頭の日本の不動産に関する制度として、地租改正に伴い導入された「**地券**」が有名です。これは、所有者である証として「地券」という証券が政府から所有者に交付され、その後の所有権の移転の際には「地券」が転々流通するというものでした。この仕組みは所有者情報を公的に管理するものではなく、公示を前提とする不動産登記制度とは一線を画するものといえます。

②　旧登記法

　明治 19（1886）年に「登記法」（旧登記法／明治 19 年法律 1 号）が制定され、物的編成主義と対抗要件主義を組み合わせた、公示を前提とする近代的な不動産登記制度が誕生しました。なお、旧登記法により不動産登記の事務については、現在の簡易裁判所に相当する治安裁判所が管轄していました。

③　旧不動産登記法

　明治 32（1899）年に現行の民法とともに制定された「不動産登記法」（旧不動産登記法／明治 32 年法律 24 号）では、現行の不動産登記法につながる、いわゆる"一不動産一登記用紙"の仕組みが確立するとともに、登記できる権利が拡充されました。なお、第二次世界大戦後まもなく、司法と行政を分立するという観点から不動産登記の事務については、裁判所から法務省傘下の法務局が所管することになりました。

　昭和 35（1960）年には、それまで登記簿と租税徴収を目的とした土地台帳・家屋台帳とで二元的に管理がなされていた不動産の情報について、台帳制度を廃止し、登記簿での一元管理をすることとなりました。

　昭和 60（1985）年には、それまでの紙からコンピュータで記録される登記

簿へと順次移行されました。

④　不動産登記法

　平成16（2004）年に制定された現行の不動産登記法は、登記簿のコンピュータ化を背景に、それまでの紙による登記申請から、いわゆるオンラインによる登記申請へと大きく転換し、それを前提とした大改正であり、平成17（2005）年3月から施行されました。ただし、現在も特例として紙による登記申請や添付書類も許容されています。

（5）不動産登記簿の編成

①　基本ルール

　現行の不動産登記簿は、電磁的記録で調製された「登記記録」の集合体という位置づけです。

　登記記録は一筆の土地または一個の建物ごとに設けられるのが原則であり、これを**物的編成主義**と呼び、**一不動産一登記記録主義**ともいいます。これには例外もあり、附属建物（p.42）や（敷地権付）区分建物（p.44）が典型例です。

②　表題部

　登記記録には、不動産を特定するための物理的現況である表示に関する登記が記録される**表題部**というパートがあります（不登法2条7号）。この表題部がなければ、権利に関する登記を行うことはできません。つまり表題部があって、はじめて権利部というパートが設けられるということになります。

③　権利部

　登記記録のうち表題部の後に構成される権利に関する登記は**権利部**というパートに記録され（不登法2条8号）、権利部（甲区）と権利部（乙区）に分かれています。**権利部（甲区）**には**所有権に関する登記**が記録されています。所有権自体はもちろんのこと、所有権に対する差押や仮処分に関する登記についてもこのパートに記録されることになります。**権利部（乙区）**には、所有権に関する登記以外、すなわち**用益権**や**担保権**に関する登記が記録されています。なお、ある担保権が複数の不動産に対して設定された場合には、当該不動産を記

録した**共同担保目録**が設けられることになっています（不登法83条2項、不登
規166条・167条）。

　【記載例2-1-2：不動産登記事項証明書（建物／共同担保目録付）】(p.35)

（6）登記の申請人

　不動産登記は、原則として当事者の申請によることになり、自然人や法人は
当然に申請人となる当事者能力があります。一方で、権利能力なき社団・財団
は、民事訴訟の場合と異なり（民事訴訟法29条参照）、登記申請人になること
はできません。なお、胎児については登記申請の当事者になることができると
され、「亡甲野太郎妻花子胎児」というかたちで登記されます。

（7）共有・準共有

　所有権等の不動産の権利が共有・準共有（民法249条〜264条等）である場合
には、原則として共有持分を分数（たとえば2分の1）で登記することになり
ます。たとえば不動産の所有権を共有で取得した場合には、共有者が共有持分
を決定したうえで登記申請をすることになります。

（8）代位による登記

①　意義等

　代位による登記とは、本来の登記権利者が自己への名義の登記を行わないと
きに、その債権者が代わって登記権利者名義で登記を申請することができると
いうものです。代位による登記については、被代位者である登記権利者の無資
力を要件としない登記・登録の請求権を保全するための債権者代位の規定（民
423条の7）を根拠に行うのが一般的ですが、特例法の規定（たとえば土地改良
法114条・土地区画整理法82条）を根拠に代位登記を行える場合もあります。

　具体的には、AからB、BからCへと転々不動産の売買があった場合で、第
一売買の買主（登記権利者）であるBが所有権移転登記を行わないときには、
当該登記を第二売買の買主であるCがBに代位してAからBへの所有権移転
登記を行うというのが典型例です。

②　特　則

　代位による登記を申請する場合には「**代位者**」と「**代位原因**」を申請情報の内容とするとともに「代位原因を証する情報」を提供し（不登令3条4号・7条1項3号）、登記簿には「代位者」と「代位原因」が記録されます。なお、登記申請人である代位者は登記権利者ではありませんので、登記完了後に登記識別情報は通知されません【登記記録例2-1-3：代位による登記】。

【登記記録例2-1-3：代位による登記】

2	所有権移転	令和○年6月10日 第○○○○号	原因　令和○年3月1日相続 所有者　東京都千代田区九段南一丁目△番□号 　山　田　一　郎
3	所有権移転	令和○年9月3日 第○○○○号	原因　令和○年7月1日売買 所有者　東京都新宿区西新宿一丁目△番□号 　松　本　二　郎 代位者　東京都渋谷区神宮前一丁目△番□号 　田　中　三　郎 代位原因　令和○年9月1日売買の所有権移転登記請求権

【記載例 2-1-2：不動産登記事項証明書（建物／共同担保目録付）】

千葉県柏市柏○丁目△番□　　　　　　　　　　　　　　　　　　　　全部事項証明書　　（建物）

表　題　部 (主である建物の表示)	調製	令和○年 2 月 8 日	不動産番号	9876543210123

所在図番号	余白		
所　　　在	柏市柏一丁目△番地□	余白	
家屋番号	△番□	余白	

① 種　類	②構造	③ 床 面 積　㎡	原因及びその日付〔登記の日付〕
居宅	木・鉄骨造スレートぶき 2 階建	1 階　　80：56 2 階　　30：24	平成○年 8 月 25 日新築 （平成○年 9 月 1 日）

権　利　部　（甲　区）　　（所 有 権 に 関 す る 事 項）			
順位番号	登記の目的	受付年月日・受付番号	権利者その他の事項
1	所有権保存	平成○年 9 月 10 日 第○○○○号	所有者　東京都千代田区九段南一丁目△番□号 　　山　田　一　郎 順位番号 1 番の登記を移記
2	所有権移転請求権仮登記	令和○年 12 月 1 日 第○○○○号	原因　令和○年 12 月 1 日売買予約 権利者　東京都目黒区目黒本町一丁目△番□号 　　甲　田　太　郎

権　利　部　（乙　区）　　（所 有 権 以 外 の 権 利 に 関 す る 事 項）			
順位番号	登記の目的	受付年月日・受付番号	権利者その他の事項
1	根抵当権設定	令和○年 6 月 14 日 第○○○○号	原因　令和○年 6 月 14 日設定 極度額　金 2,400 万円 債権の範囲　銀行取引　手形債権　小切手債権 債務者　東京都新宿区西新宿一丁目△番□号 　　株 式 会 社 Ａ Ｂ Ｃ 商 事 根抵当権者　東京都千代田区大手町一丁目△番□号 　　株 式 会 社 帝 国 銀 行 （取扱店　新宿支店） 共同担保　目録(け)第○○○号

共　同　担　保　目　録				
記号及び番号	（け）第○○○号		調製	令和○年 6 月 14 日
番号	担保の目的たる権利の表示	順位番号	予　　備	
1	柏市柏一丁目△番□の土地	3	余白	
2	柏市柏一丁目△番地□　家屋番号△番□の建物	3	余白	
3	東京法務局　新宿出張所 新宿区西新宿一丁目△番□の土地	余白	余白	

QR
コード

これは登記記録に記載されている事項の全部を証明した書面である。

令和〇年6月20日

千葉地方法務局柏支局　　　　　　　　　　　登記官　　　　法　務　太　郎　　印

※　　下線のあるものは抹消事項であることを示す。　　　整理番号D3〇〇〇〇

NOTE ②　事故簿

　不動産登記の世界で、まれにですが「事故簿」というものが登場します。

　事故簿というのは俗称で、かつて不動産の登記簿を紙からコンピュータに移行する作業を行ったときに諸々の事由から移行できなかった、いわゆる「改製不適合物件」の登記簿です（不登規附則（平成17年法務省令18号）3条1項ただし書）。

　その諸々の事由としては、不動産登記制度上の問題とコンピュータ処理上の問題がありますが、具体的には以下のようなものがあげられます。

　①　同一不動産について数個の登記用紙が備えられている場合（二重登記）
　②　土地について重複した地番が付された登記がある場合（重複地番）
　③　建物について家屋番号の記載がない場合
　④　表題部（表題部のみが設けられている場合）に所有者等の記載を欠く場合
　⑤　登記されている持分の合計が1にならない場合
　⑥　登記事項中に判読できない文字がある場合

　事故簿に該当する物件については、当然、登記簿のコンピュータ化を前提とする登記事項証明書の発行やインターネット登記情報提供サービスによる情報の取得はできません。また、いわゆるオンライン申請をすることもできず、「紙」の申請書によることになります。そして、登記申請の完了後に登記識別情報も通知されず、平成16年改正前の不動産登記法下における「紙」の登記済証が交付されるということになります（不登規附則（平成17年法務省令18号）14条の2・16条の2）。

2　表示に関する登記

（1）アウトライン

①　表示登記の種別

　不動産の表示に関する登記（表示登記）は、報告的登記と形成的登記に分類することができます。

　報告的登記とは、不動産の物理的状況やその変化に応じてする登記であり、たとえば建物新築による表題登記が該当します。これらの登記については、**1か月以内**に登記を申請する義務が課されており（不登法36条・47条1項等）、当該登記申請を行わない場合には**過料**制裁の対象となるとともに（不登法164条）、法律上は登記官が職権で行うことができるとされています（不登法28条）。

　形成的登記とは、不動産の物理的状況の変化と関係なくなされるもので、登記することにより登記上の不動産の個数に変更が生じるものをいい、たとえば土地の分筆登記が該当します。これらの登記をするかどうかは、基本的に不動産の所有者の意思によりますので、登記官が職権で行うことはできません。

②　表示登記の効力

　表示登記については、権利に関する登記と異なり、対抗力（民法177条）を有しないのが原則です。ただし、区分建物（たとえばマンション）の共用部分（たとえば管理人室）に関する表示登記には対抗力があると解されています。また、借地権の対抗力（借地借家法10条1項）については、表示登記である建物表題登記が該当するという説が有力です。

　表示登記は、登記申請の受付・審査を経て記録され、はじめて登記としての効力を有することになります（権利に関する登記＝受付時）。

（2）土地に関する表示登記

①　土地の意義

　不動産登記法における土地とは、日本領土内の私人による管理が可能で、かつ取引性のある水面上にある陸地をいいます。海面の下や河川法の適用または

準用のある河川の敷地で、常時水流の敷地となっている部分は不動産登記法における土地ではありません。土地は連続しており、人為的に区画して、1筆の土地ごとに登記記録が作成されます。

② 土地表題部の登記事項

土地の表題部における登記事項は以下のとおりです（不登法34条）。

（a）所　在

所在とは、その土地が所在する区域を表し、たとえば「○○市□□一丁目」や「○○町□□字△△」と登記されます（不登規97条）。

（b）地　番

地番とは、土地の所在をベースに土地を特定するための番号です。たとえば、土地の分筆登記が行われた場合には、元の地番が「1番1」に対し、分筆によるあらたな土地については「1番2」というかたちで付番されます。なお、国有地など例外的に地番が付されていない土地もあります。

地番と住所（住居表示番号）は必ずしも一致しませんので、登記事項証明書等を取得する場合には一定の検索作業が必要となることもあります。

（c）地　目

地目とは、土地の現況・用途を表したものです。具体的には、「宅地」・「畑」・「公衆用道路」等法定された地目を登記することになります（不登規99条）。ただし、登記されている地目が必ずしも実際の現況・用途と一致していないケースもあります。

地目が「畑」等の農地である場合には、権利の取得等に登記上も制限（農地法の許可書の添付等）がかかることがあります（不登法7条1項5号ハ）。

（d）地　積

地積とは、土地の面積を**水平投影面積**により平方メートルの単位で表したものです（不登規100条）。水平投影面積とは、土地の表面ではなく、土地の真上から光をあてて水平面に映った影の範囲をいいます。

地目が「宅地」の場合には小数点2桁未満は切捨てて登記されます。それ以外の地目の場合には1平方メール未満は切捨てて登記されますが、土地全体が10平方メートル未満の場合には小数点2桁未満を切捨てて登記されます。

測量の成果が古い場合には、地積に誤差が生じているケースもあります【図

表 2-2-1：水平投影面積のイメージ】。

【図表 2-2-1：水平投影面積のイメージ】

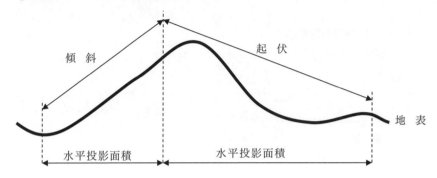

③　土地表示登記の種類

実務上、頻出する土地に関する表示登記には、以下のものがあります。

（a）分筆登記

分筆登記とは、一筆の土地を分割して数筆の土地とする登記をいいます（不登法 39 条）。

たとえば、相続に伴い土地を分割して相続人それぞれが単独名義としたい場合や、土地の一部を売却したい場合などに分筆登記を行うことになります。

分筆登記を行った場合、たとえば 1 番の土地の登記記録の記載を変更して分筆後の 1 番 1 の登記記録とし、1 番 2 と 1 番 3 は新たに登記記録を設けることになります（不登規 101 条）。

【図表 2-2-2：分筆登記のイメージ】

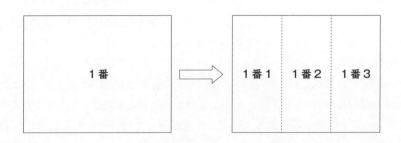

（ｂ）合筆登記

合筆登記とは、数筆の連続した土地を一筆の土地にする登記をいいます。なお、数筆の所有者、地目が同一でないと合筆登記をすることはできません（不登法39条・41条）。

合筆登記を行った場合、たとえば1番の土地の登記記録の記載を変更して合筆後の1番の登記記録とし、2番の土地の登記記録は閉鎖されます（不登規106条）。

【図表2-2-3：合筆登記のイメージ】

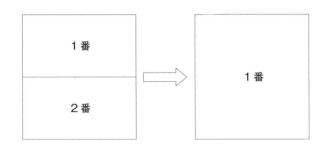

（ｃ）地目変更登記

土地の利用用途（地目）が変更した場合、所有者は1か月以内に**地目変更登記**を申請しなければなりません（不登法37条）。なお、農地である畑や田を農地以外の地目に変更するには、農地法に基づく農地転用手続等を経る必要があります。

（ｄ）地積更正登記

登記上の地積が誤っていることが判明した場合、正しい地積に修正する**地積更正登記**を申請することができます（不登法38条）。ちなみに登記記録は明治初期に実施された地租改正時に作成された土地台帳をルーツとしており、多くの土地で実際の地積と登記上の地積とに差異が生じています。

（3）建物に関する表示登記

① 建物の意義

不動産登記法における建物とは、屋根・壁を有し、土地に定着した建造物で

あって、その目的とする用途として利用できる状態にあるものをいいます。具
体的には、屋根・壁により外気と分断されており（**外気分断性**）、基礎などによ
り地面に定着しており（**定着性**）、仮設的なものではなく永続的な使用が見込
まれ（**永続性**）、居宅や店舗など何らかの用途とする（**用途性**）ことができるも
のである必要があります（不登規 111 条）。

　建物は、原則として 1 棟の建物を 1 個の建物として登記記録を設けることに
なりますが、複数棟の建物が一体として利用されている場合には、所有者の意
思に反しない限り、それらをまとめて 1 個の建物として取り扱うことができま
す（不登準則 78 条）。この場合、そのうち 1 棟を「**主である建物**」とし、その
他を「**附属建物**」として区別します。たとえば、物置は居宅の利用を補う関係
にあり、居宅を「主である建物」、物置を「附属建物」として、2 棟で 1 個の
建物として登記されます。ただし、それぞれの建物の所有者が違うときには、
利用上一体の関係にあっても、「主である建物」と「附属建物」として登記す
ることはできません【**図表 2-2-4：「主である建物」と「附属建物」のイメージ**】、
【**記載例 2-2-5：不動産登記事項証明書（「主である建物」と「附属建物」）**】（p46）。

【**図表 2-2-4：「主である建物」と「附属建物」のイメージ**】

②　建物表題部の登記事項

　建物の表題部における登記事項は以下のとおりです（不登法 44 条）。

（a）所　在

　所在は、その建物が存在する直下の敷地の地番をもって登記されます。たと
えば「〇〇市□□一丁目 6 番地」となります。2 筆以上の土地にまたがって建
っている建物の場合には、「〇〇市□□一丁目 6 番地、5 番地 2」のように床
面積の多い部分または主である建物の所在する土地を先に記録し、他の土地は
後に記録されます。

（ｂ）家屋番号

　家屋番号とは、建物の所在をベースに建物を特定するための番号です。たとえば、所在が「〇〇市□□一丁目6番地」の土地に存する建物の家屋番号は敷地の地番と同一の番号を使用して、「6番」となります（不登規112条）。また、2個の建物が1筆の土地の上に建っている場合、たとえば、家屋番号はそれぞれ「6番の1」、「6番の2」となり、1個の建物が2筆の土地の上に建っている場合、主である建物または床面積の多い部分の存する敷地の地番と同一の番号を使用し、たとえば所在が「〇〇市□□一丁目6番地、5番地2」に建物が建っているときの家屋番号は「6番」となります。

（ｃ）種　　類

　建物の種類は、建物の主な用途により、「居宅」・「店舗」・「寄宿舎」・「共同住宅」・「事務所」・「旅館」・「料理店」・「工場」・「倉庫」・「車庫」・「発電所」・「変電所」に区分して定め、これらの区分に該当しない建物については、これに準じて定めることとされています（不登規113条）。なお、建物の主な用途が2種類以上ある場合には、複数の種類が併記されることになります。

（ｄ）構　　造

　建物の構造は、建物の主な部分の構成材料（「木造」・「鉄骨造」・「鉄筋コンクリート造」など）、屋根の種類（「かわらぶき」・「亜鉛メッキ鋼板ぶき」・「陸屋根」など）、階数（「平家建」・「2階建」など）により定めることとされています（不登規114条）。たとえば、「木造かわらぶき2階建」や「鉄筋コンクリート造陸屋根7階建」となります。

（ｅ）床面積

　建物の床面積は、各階ごとに壁その他の区画の中心線で囲まれた部分の水平投影面積により平方メートルを単位として定め、小数点2桁未満は切り捨てて記録されます（不登規115条）。

③　建物登記の種類

　実務上、頻出する建物に関する表示登記には、以下のものがあります。

（ａ）建物表題登記

　新築した建物または表題登記がない建物の所有権を取得した者は、その所有権の取得の日から1か月以内に、**建物表題登記**を申請しなければなりません

（不登法47条）。

建物表題登記によって新たに登記記録が設けられることになります。

（b）建物滅失登記

建物が取壊しや焼失などにより滅失した場合、建物の所有者は、滅失の日から1か月以内に、**建物滅失登記**を申請しなければなりません（不登法57条）。

建物滅失登記によって登記記録は閉鎖されることになります（不登規144条）。

（c）建物表題部変更登記

建物が増築や一部取壊しなどによって所在・種類・構造・床面積に変更があった場合、建物の所有者は、変更があった日から1か月以内に、**建物表題部変更登記**を申請しなければなりません（不登法51条）。

（4）区分建物に関する表示登記

区分建物とは、民法の特別法である「建物の区分所有等に関する法律」によって規定された建物です。一物一権主義の原則によると、たとえば分譲マンションであったとしても、全体として一棟の建物ですから、一つの所有権のみしか存在しえないことになり、住居（部屋）ごとに所有や処分をすることができないということになります。そこで、一物一権主義の例外として、一棟の建物に構造上区分された数個の部分で独立して住居・店舗・事務所などの用途に使用できるものは、その各部分を所有権の目的とすることができるものと規定し（区分所有法1条）、不動産登記上はこの部分を一個の建物として取り扱うものとしています（不登法2条22号）。

その所有権の目的とする各部分を「**専有部分**」、専有部分を目的とする所有権を「**区分所有権**」、専有部分を所有するための建物の敷地に関する権利を「**敷地利用権（敷地権）**」と呼んでいます（区分所有法2条）。また、専有部分と敷地利用権は原則として、分離して処分することができないものとされています（区分所有法22条）**【記載例2-2-6：不動産登記事項証明書（敷地権付区分建物）】**（p.47）。

（5）表示登記の申請等

①　申請人

建物を新築した場合など、登記記録が備え付けられていない不動産の表題登

記の申請をすることができる者は、不動産の所有者ということになります（不登法 36 条・47 条 1 項等）。

すでに登記記録が備え付けられている不動産について、表示に関する登記を申請することができる者は、原則として登記記録に記録されている表題部所有者または所有権登記名義人ということになります（不登法 37 条・38 条・39条・42 条等）。

②　登記すべき事項

表示に関する登記の登記すべき事項については、所在・地番・地目・地積などの不動産を特定するための情報のほか、登記原因・原因日付・登記の年月日です（不登法 27 条・34 条等）。

③　添付書類

不動産の位置や形状などを表す必要がある登記申請については、土地であれば地積測量図、建物であれば建物図面・各階平面図などの図面を添付することになります（不登令 36 条・別表）。

④　登録免許税

表示登記の申請は、原則として登録免許税が課されません。ただし、たとえば土地の分筆登記や合筆登記など所有者等に申請義務が課されていないものについては登録免許税が課され、その税額は分筆または合筆後の土地の個数に1,000 円を乗じて算出した額を納付します（登免税別表 1・1（13）イ・ロ）。

⑤　登記の審査

表示に関する登記の申請がなされると、登記官は当該不動産の表示に関する事項について現地等での調査を行い（不登法 29 条）、調査の結果、申請内容が適当と認められたときに登記が実行されます**【記載例 2-2-7：不動産登記申請情報（建物表題登記）】**（p.48）。

（6）筆界特定制度

一筆の土地と隣接する土地の境を構成する 2 以上の点と、これらを結ぶ線を

「**筆界**」（ひっかい）といいます（不登法 123 条）。

　この筆界の位置が明らかでない場合に現地における筆界の位置を特定するのが筆界特定制度です。

　筆界特定制度は、裁判のように原告と被告が争う形式ではなく、土地の所有者等の申請に基づき、筆界について専門的な知識を有する**筆界調査委員**（不登法 127 条）が筆界に関する調査を行い（不登法 135 条）、その意見（不登法 142 条）を踏まえ、法務局の**筆界特定登記官**（不登法 125 条）が筆界を特定するというものです（不登法 143 条）。

　筆界特定は対象土地の所在地を管轄する法務局に申請し（不登法 124 条）、関係人等には意見を述べる機会が与えられています（不登法 140 条）。申請してから筆界が特定するまでの期間は、事案により異なりますが（不登法 130 条）、おおむね 9 か月程度です。

　筆界特定には、行政処分としての法的効力はありません（不登法 158 条）。したがって、行政不服審査の対象とはならず、筆界特定の結果に不服がある場合には、筆界確定訴訟を提起する必要があります（不登法 148 条）。

【記載例2-2-5：不動産登記事項証明書（「主である建物」と「附属建物」）】

千葉県柏市柏六丁目△番□ 　　　　　　　　　　　　　　　　　　　　全部事項証明書　（建物）

表　題　部　(主である建物の表示)		調製	令和○年2月8日	不動産番号	9876543210123
所在図番号	余白				
所　　　在	柏市柏六丁目△番地□			余白	
家屋番号	△番□			余白	

① 種　類	②構造	③ 床 面 積　㎡		原因及びその日付〔登記の日付〕
居宅	木・鉄骨造スレートぶき2階建	1階 80	56	令和○年8月25日新築
		2階 30	24	（令和○年9月1日）

表　題　部　　（附属建物の表示）				
符　号	①種　類	②構　造	③ 床 面 積　㎡	原因及びその日付〔登記の日付〕
1	物置	鉄筋コンクリート造陸屋根平屋建	18 31	令和○年10月14日新築〔令和○年11月6日〕

～以下、略～

【記載例2-2-6：不動産登記事項証明書（敷地権付区分建物）】

専有部分の家屋番号	○-△-101　〜　○-△-107　　○-△-301　〜　○-△-308 ○-△-401　〜　○-△-407				

表　題　部（一棟の建物の表示）		調製	令和○年2月8日	所在図番号	余白
所　在	世田谷区池尻一丁目○番地△、○番地□	余白			
建物の名称	セミナー世田谷	余白			

①　構　造	②床　面　積　㎡		原因及びその日付〔登記の日付〕
鉄筋コンクリート造陸 屋根4階建	1階	160　14	〔令和○年9月1日〕
	2階	151　18	
	3階	151　18	
	4階	132　38	

表　題　部（敷　地　権　の　目　的　で　あ　る　土　地　の　表　示）				
①土地の符号	②所在及び地番	③地目	④　地　積　㎡	登記の日付
1	世田谷区池尻一丁目○番△	宅地	309　47	令和○年9月1日
2	世田谷区池尻一丁目○番□	宅地	50　06	令和○年9月1日

表　題　部（専有部分の建物の表示）		不動産番号	200110130001
家屋番号	池尻一丁目○番△の2××	余白	
建物の名称	2××	余白	

①種　類	②構　造	③床　面　積　㎡	原因及びその日付〔登記の日付〕
居宅	鉄筋コンクリート造 1階建	2階部分　26　67	令和○年8月25日新築 〔令和○年9月1日〕

表　題　部（敷　地　権　の　表　示））			
①土地の符号	②敷地権の種類	③敷地権の割合	原因及びその日付〔登記の日付〕
1・2	所有権	54321分の1234	令和○年8月30日　敷地権 〔令和○年9月1日〕
所　有　者	東京都世田谷区太子堂○丁目△番□号　　株式会社太子堂工務店		

権　利　部（甲　区）　（所　有　権　に　関　す　る　事　項）			
順位番号	登記の目的	受付年月日・受付番号	権利者その他の事項
1	所有権保存	令和○年9月10日 第○○○○○号	原因　令和○年9月10日売買 所有者　東京都千代田区九段南一丁目△番□号 　　　　山　田　一　郎

これは登記簿に記載されている事項の全部を証明した書面である。

令和○年9月20日

東京法務局世田谷出張所　　　　　　　登記官　　　法　務　太　郎　　印

※　　下線のあるものは抹消事項であることを示す。　　　整理番号D3○○○○

【記載例2-2-7：不動産登記申請情報（建物表題登記）】

登記申請書

登記の目的　　　　　　物表題登記
添付情報　　　　　　　建物図面
　　　　　　　　　　　各階平面図
　　　　　　　　　　　所有権証明書
　　　　　　　　　　　住所証明書
　　　　　　　　　　　代理権限証書
　　　　　　　　　　　調査報告書

令和〇年9月1日申請
　　　　千葉地方法務局柏支局　（登記　コード：0424）

申請人　　　　　　　　柏市柏一丁目〇番〇号
　　　　　　　　　　　甲野太郎

代理人　　　　　　　　柏市柏二丁目〇番〇号
　　　　　　　　　　　土地家屋調査士　鈴木一郎
　　　　　　　　　　　連絡先の電話番号　04-0000-0000
その他事項　　　　　　調査士報告方式により　本提示省略
登記完了証の交付方法　オンラインによる交付を希望する

申請物件（No.1）
一般建物　柏市柏六丁目　△-□　不動産番号：-

建物の表示				
所　在	柏市柏六丁目△番地□			
家屋番号	△番□			
建物図面及び各階平面図符号	①種類	②構造	③床面積(平方m)	原因及びその日付
主	居宅	木・鉄骨造スレートぶき2階建	1　80・56 2　30・24	令和〇年8月25日新築
1	車庫	鉄筋コンクリート造陸屋根平家建	18・31	令和〇年5月25日新築

3　権利に関する登記（総説）

（1）アウトライン

①　登記できる権利

登記できる権利は、権利部（甲区）に登記される**所有権**、権利部（乙区）に登記される物を使用・収益する権利である**用益権**と**担保権**です（不登法3条）。

用益権には、物権である**地上権**（民法265条〜）、**永小作権**（270条〜）、**地役権**（民法280条〜）、債権である**賃借権**（民法601条〜）、採石法の規定に基づく**採石権**と、いわゆる相続法の規定に基づく**配偶者居住権**（民法1028条〜）があります。

担保権には、**先取特権**（民法303条〜）、**質権**（民法303条〜）、**（根）抵当権**（民法369条〜）があります。なお、留置権（民法295条〜）については、物を留置するという法的性質を踏まえ、登記をすることはできません。また、判例で認められている譲渡担保権については、所有権的構成を採用し、権利部（甲区）に登記されます。

②　権利登記の目的

権利に関する登記（権利登記）の趣旨は、不動産の物権等の変動の過程を公示することにあり、登記することによって対抗要件を備えることです（民法177条）。つまり、法的には権利登記は対抗要件を求める者が任意に行うものということになります。ただし、不動産取引や金融取引の実務においては、資金の移動の伴う物権変動に登記は必須という取扱いがなされています。

③　権利登記の順位

権利登記は、権利部（甲区）・権利部（乙区）ごとに、**順位番号**が付され、若い順位番号が優先されることになっています。なお、権利部（甲区）と権利部（乙区）の別区の間では、登記申請（受付）時に付される受付年月日・受付番号で優劣が決することになっています（不登法4条1項）。

権利登記は順位番号が付される**主登記**でなされるのが原則ですが、主登記の

順位で従属する**付記登記**というものがあります（不登法 4 条 2 項）。たとえば、所有権移転の登記が順位番号 1 番の主登記でなされているところ、その所有者の住所の変更登記は順位番号 1 番付記 1 号というかたちで登記されます。つまり、後者の住所の変更登記は順位番号 1 番で登記された所有権移転の登記と一体で見るということになります**【登記記録例 2-3-1：主登記と付記登記】**。

【登記記録例 2-3-1：主登記と付記登記】

権　利　部（甲区）		（所有権に関する事項）	
順位番号	登記の目的	受付年月日・受付番号	権　利　者　そ　の　他　の　事　項
1	所有権移転	令和〇年 10 月 10 日 第〇〇〇〇号	原因　令和〇年 10 月 10 日売買 所有者　東京都千代田区九段南一丁目△番□号 　　　　山　田　一　郎
付記 1 号	1 番登記名義人 住所変更	令和〇年 11 月 22 日 第〇〇〇〇号	原因　令和〇年 11 月 22 日住所移転 住所　東京都渋谷区神宮前一丁目△番□号

（2）権利登記の申請

　権利登記の申請は、原則として登記上の利益を受ける「**登記権利者**」と登記上の不利益を被る「**登記義務者**」が共同で申請することにより真実性を担保するという仕組みが採られています（**共同申請**主義（共同申請の原則））。たとえば、土地の売買による所有権移転登記の場合、買主である登記権利者と売主である登記義務者とが共同で申請しなければなりません。

（3）仮登記

①　意義等

　仮登記とは、実体法または手続法上の要件が整っていないものの、将来それらの要件が整った際に備えて行う登記であり、登記の順位を保全するためのものです（順位保全効）。

②　2 つの仮登記

　実体法上の権利変動の効力は生じているものの、不動産登記法等の手続法に規定する登記申請に添付する書面に不備がある場合に仮登記をすることができ

ます（不登法 105 条 1 号／**1 号仮登記**）。

　一方で、実体法上の権利変動の効力が停止条件付や請求権にとどまっている場合にも仮登記をすることができます（不登法 105 条 2 号／**2 号仮登記**）。

③　仮登記の本登記

　仮登記は順位を保全するためのもので、確定的な対抗力を有するものではありません。したがって、不備等が解消されたところで仮登記に基づく**本登記**を行ってはじめて通常の権利登記と同様の効力を有することになります。

　仮登記に基づく本登記がなされますと、仮登記に後れる登記については登記官が職権で抹消することになります（不登法 109 条 2 項）。

④　仮登記の特則
（a）添付情報

　仮登記の申請には、通常の登記申請において添付することとなる登記識別情報や第三者の許可書等についての添付は要しません。

（b）登録免許税

　仮登記の申請にも登録免許税が課されますが、あくまで順位保全のためのものであることから、通常の登記申請と比較して登録免許税額が低く抑えられています。たとえば、通常の売買による所有権移転の登記申請の登録免許税額は不動産の価額に 1000 分の 20 を乗じて算出した額であるところ、仮登記では 1000 分の 10 とされています（登免税法別表 1・1（12）ロ（3））。なお、仮登記の本登記の際にも一定の登録免許税を納付する必要があります（登免税法 17 条）【登記記録例 2-3-2：仮登記と本登記】。

【登記記録例 2-3-2：仮登記と本登記】

権　利　部（甲区）		（所有権に関する事項）	
順位番号	登記の目的	受付年月日・受付番号	権　利　者　そ　の　他　の　事　項
2	所有権移転仮登記	令和○年 3 月 12 日 第○○○○号	原因　令和○年 3 月 12 日売買 権利者　東京都新宿区西新宿一丁目△番□号　　　　株式会社ＡＢＣ商事
	所有権移転	令和○年 10 月 5 日 第○○○○号	原因　令和○年 3 月 12 日売買 所有者　東京都新宿区西新宿一丁目△番□号　　　　株式会社ＡＢＣ商事

（4）処分制限の登記

　処分制限の登記とは、権利者等の利益保護と第三者の不測の損害を防止するためのもので、具体的には民事執行法の規定に基づく「**差押**」や、民事保全法の規定に基づく「**仮差押**」・「**処分禁止の仮処分**」があげられます。

　処分制限の登記は、当事者の申請ではなく裁判所書記官等の嘱託によりなされます。

　処分制限の登記後に、それと抵触する他の登記を行うこと自体は可能ではありますが、その登記は先行した処分制限の登記に対抗できません**【登記記録例 2-3-3：不動産競売による差押え】**。

【登記記録例 2-3-3：不動産競売による差押】

権　利　部（甲区）	（所有権に関する事項）		
順位番号	登記の目的	受付年月日・受付番号	権　利　者　そ　の　他　の　事　項
2	差押	令和○年 6 月 22 日第○○○○号	原因　令和○年 6 月 20 日東京地方裁判所担保不動産競売開始決定 権利者　東京都新宿区西新宿一丁目△番□号 　　　　株式会社ＡＢＣ商事

（5）判決による登記

　判決による登記とは、共同で登記申請を行わなければならない当事者の一方が当該登記申請に協力しない場合に、他方の当事者が登記を命ずる**給付・確定判決**に基づき**単独**で登記申請を行うことができるというものです。たとえば、売買による所有権移転登記について、売主である登記義務者が登記に協力しないため、買主である登記権利者が判決を得て、単独で当該登記申請をするというものです。なお、この場合の登記申請には、売主である登記義務者に関する添付情報をなんら添付する必要はなく、**判決書正本（確定証明書付）**を登記原因証明情報として添付すれば足ります。

　ここでいう判決には、民事訴訟法の規定に基づく判決に準ずる**和解調書**（民事訴訟法 267 条）や**調停調書**（民事調停法 16 条）も含まれます。

（6）更正・抹消登記

①　権利の消滅

　登記がなされた権利が消滅した場合には、当該登記の抹消登記を行います。典型例としては、抵当権設定登記に関する被担保債権が弁済により消滅したときには、弁済を原因として抵当権抹消登記を申請することになります。

②　錯　誤

　登記がなされた権利に**錯誤**があった場合、当該登記の抹消を行います。典型例としては、Ａの名義で所有権移転登記をすべきところ誤ってＢの名義で所有権移転登記をしてしまったときには、錯誤を原因としてＢ名義の所有権抹消登記を申請することになります。一方、錯誤に同一性がある場合、たとえば、Ａの名義で所有権移転登記をすべきところ誤ってＡとＢの共有名義で所有権移転登記をしてしまったときには、錯誤を原因としてＡ名義への所有権更正登記を申請することになります。

（7）登記名義人の表示変更・更正登記

　各権利の登記名義人は氏名（名称・商号）と住所を記録し、特定することになっています。その後、当該権利に関して別の登記をする場合には、登記上の氏名等と実際上の氏名等を一致させなければなりませんが、そのための登記が登記名義人の表示変更・更正登記です。

　たとえば、当初に所有権移転登記を受けた時点での住所が「横浜市〜」であったところ、その後、「千葉市〜」に転居したような場合、当該不動産を売買により所有権移転登記をする前提として**所有権登記名義人表示（住所）変更登記**をする必要があります。一方、当初の所有権移転登記を受けた時点での住所が「横浜市〜」ではなく「千葉市〜」であったにもかかわらず「横浜市〜」で登記をしてしまった場合には、錯誤を原因として**所有権登記名義人表示（住所）更正登記**をすることになります。

4　所有権に関する登記

（1）アウトライン

　所有権とは、物の使用収益・処分をすることができる強力な権利です（民法206条〜）。財産的な価値の高い不動産の所有権については、不動産登記により公示されます（不登法3条1号）。

　ここでは、所有権に関する登記のうち所有権保存と所有権移転について言及します。

（2）所有権保存

①　意義等

　所有権保存登記とは、不動産の表題部に関する登記を前提として、その後に**初めて行われる権利に関する登記**のことです。

　所有権保存登記がなされないと、その後の所有権移転や担保権設定等の登記を行うことはできないため、**権利発生の登記**と位置づけられます。なお、実務上、所有権保存登記の対象となるものの大半は建物です。

②　種　別

　所有権保存登記には、表題部所有者等が行うもの（不登法74条1項／**1項保存**）と区分建物の表題部所有者から所有権を取得した者が行うもの（不登法74条2項／**2項保存**）があります。

③　登記の申請人

（a）1項保存

　1項保存の場合、表題部所有者のほか、表題部所有者の相続人や合併承継会社（不登法74条1項1号）が**単独**で登記を申請します。また、判決により所有権が確認された者（不登法74条1項2号）や土地収用法に基づく収用により所有権を取得した者（不登法74条1項3号）も単独で所有権保存登記を申請することができます。

（b）2項保存

　2項保存の場合、区分建物（p.44）の表題部所有者から売買等により当該区分建物を取得した者が単独で登記を申請します（不登法74条2項前段）。なお、敷地権付区分建物（p.44）の2項保存登記申請については、敷地権となる土地の所有権等も移転することから、当該**土地の所有者等の承諾**も必要となります（不登法74条2項後段）。

④　登記の原因

　所有権保存登記については、最初の権利取得ということで登記原因や原因日付はありません。ただし、敷地権付区分建物の場合には、敷地権となる土地も移転されることになりますので、「令和〇年〇月〇日売買」のように登記原因と原因日付を登記することになります。

⑤　添付情報

　所有権保存の登記申請の添付情報として、司法書士等へ委任する場合の代理権限証書（不登令7条1項2号）のほか（以下では省略）、以下の情報を添付することになります。

（a）共　通

　あらたに登記名義人となる所有者の住所証明書として**住民票**等を添付します（不登令7条1項6号・別表28）。また、表題部所有者以外が申請人となる場合には、所有権取得証明書として、たとえば相続人が申請人となるときには、いわゆる相続証明書を、区分建物の買主が申請人となるときには所有権譲渡証明書を添付することになります。

（b）敷地権付区分建物の場合

　敷地権である**土地の権利変動を証する書面**として登記原因証明情報を添付するとともに（不登令7条1項6号・別表29）、当該土地の所有者等に関する承諾証明情報を添付することとなり、土地の登記識別情報（登記済証）を添付する必要はありません。

⑥　登録免許税

　所有権保存登記申請の登録免許税は、不動産の価額に1000分の4を乗じて

算出した額を納付します（登免税法別表1・1 (1)）。なお、敷地権付区分建物の場合には、それに加え、敷地権となる土地の価額に1000分の20を乗じて算出した額を納付します（登免税法別表1・1 (2)）**【記載例2-4-1：登記申請情報（1項保存）】**（p.60）。

（3）所有権移転

①　意義等

所有権移転登記とは、所有権保存登記後の不動産の所有者に移動が生じた際になされるもので、当該不動産の所有権登記名義人の変動履歴が記録されることになります。

所有権移転登記には権利変動の原因（登記原因）とその日付（原因日付）が登記されることになります。ここでは、相続（p.83～）・信託（p.115～）に関連する登記原因以外の主な所有権移転登記について言及します。

②　申請人

所有権移転登記申請は、原則として新たに所有権を取得する登記権利者と、所有権を喪失することになる登記義務者が**共同**で申請することになります（不登法60条）。売買の場合であれば、新たに所有者となる買主が登記権利者となり、それまでの所有者である売主が登記義務者となります。

③　登記原因・原因日付

所有権移転登記申請の主な登記原因には以下のものがあげられます。

（a）売　買

「売買」とは、売主が、ある財産―不動産の所有権―を買主に移転することを約し、買主が代金を支払うことを約することによって成立する契約です（民法555条）。なお、売主は買主に対し、登記により**第三者対抗要件**を備えさせる義務を負います（民法560条）。

売買については、本来、その意思表示の時に効力が生じますが、実務上、不動産売買契約において買主が売主に**売買代金全額を支払った時に所有権が移転する旨の特約**を付すのが一般的であり、その場合には原因日付は買主が売主に売買代金の全額を支払った日ということになります。

（b）贈　与

「贈与」とは、贈与者が、ある財産―不動産の所有権―を受贈者に無償で移転することを約し、受贈者がそれを受諾することによって成立する契約です（民法549条）。

「死因贈与」（民法554条）については、贈与者の死亡により効力が生じますので、原因日付は贈与者の死亡の日ということになりますが、登記原因はあくまで「贈与」です。

（c）財産分与

「財産分与」とは、離婚した当事者の一方が相手方に対し、ある財産―不動産の所有権―を給付するというものです（民法768条）。

原因日付は、原則として財産分与の協議が成立した日ですが、離婚前に協議が成立しているような場合には離婚の日ということになります。

（d）時効取得

「時効取得」とは、他人の所有物―不動産―を所有の意思をもって平穏かつ公然と一定期間（善意無過失の場合には10年、悪意の場合には20年）にわたり占有した者が、当該不動産の所有権を原始的に取得することができるというものです。（民法162条）。

原因日付は、時効の起算となる占有を開始した日です。

（e）共有物分割

「共有物分割」とは、共有状態を解消し所有権を単独で取得するために、各共有者から請求できるもので、共有者間の協議によって行うのが基本です（民法256条）。

原因日付は、共有者間での協議が成立した日です。

（f）真正な登記名義の回復

「真正な登記名義の回復」（真名回復）とは、実体と誤った名義人でなされている所有権の登記を正しい名義人に修正する際に用いる登記原因です。

原因日付は、錯誤による登記の更正的な性質を有することから不要です。

④　添付情報

所有権移転登記申請の主な添付情報は以下のとおりです。

（a）登記原因証明情報

　「登記原因証明情報」とは、売買等の**物権変動の事実**を証するために添付するものです（不登法61条）。

　売買契約書等が登記原因証明情報に該当するケースもありますが、実務上は登記用の登記原因証明情報を作成するのが一般的です。

　登記原因証明情報には、ⅰ）登記の目的、ⅱ）登記原因・原因日付・登記原因となる事実または法律行為、ⅲ）登記権利者・登記義務者、ⅳ）不動産の表示が記載され、当事者（少なくとも登記義務者）の記名押印が必要です**【記載例2-4-2：登記原因証明情報（売買）】**（p.61）。

（b）登記識別情報

　「登記識別情報」とは、登記名義人である登記義務者本人が登記を申請していることを確認するために添付するものです（不登法22条）。

　登記識別情報は、平成16年に制定された不動産登記法で導入されたもので、法務局から登記名義人となった申請人に通知される**12桁のコード情報**です。なお、当該不動産登記法における登記識別情報通知制度の運用が開始されるまでは**登記済証**（権利証）という"紙"が交付されており、それを添付することになります（不登法附則6条3項）。

　登記識別情報を失念等した場合には、事前通知を利用するか、または資格者代理人による本人確認情報を添付することになります。**事前通知**とは、登記識別情報を添付することなく登記申請を行い、登記名義人宛に法務局から本人限定郵便（法人の場合には、書留郵便）により当該登記申請の内容に誤りがないかを確認するというものです（不登法23条1項）。

　一方、**資格者代理人による本人確認情報**とは、司法書士等の資格者代理人が、登記識別情報を添付することができない登記名義人から本人確認資料等の提示を受けたうえで、当該不動産の取得の経緯等を聞き取り、登記名義人であることを確認した旨を記載した情報のことで（不登法23条4項）、当該本人確認情報を添付して登記申請を行うことになります。

（c）印鑑証明書

　印鑑証明書は、登記名義人である登記義務者が自身の意思に基づき登記を申請していることを証するために添付するものです（不登令16条2項）。具体的には、登記申請情報または登記申請についての委任状に押印された、いわゆる

実印と印鑑証明書とを登記官が照合して確認することになります。

　当該印鑑証明書は、原則として作成後**3か月以内**のもので、自然人の場合には市町村長の作成、法人の場合には登記官の作成したものになります。ただし、法人については、会社法人等番号を提供することにより印鑑証明書の添付を省略することができます（不登令9条、不登規48条1項1号・49条2項1号）。

　（d）住所証明書

　住所証明書は、所有権の登記名義人となる者の実在性とその所在を証するために添付するものです（不登令7条1項6号・別表30ロ）。

　住所証明書については、前記c）印鑑証明書とは異なり有効期限はなく、自然人の場合には住民票の写しを、法人の場合には登記事項証明書を添付するのが一般的です。ただし、法人については、印鑑証明書と同様に、会社法人等番号を提供することにより住所証明書の添付を省略することができます（不登令9条、不登規36条4項）。

　⑤　登録免許税

　所有権移転登記申請の登録免許税は、不動産の価額に1000分の20を乗じて算出した額を納付します（登免税法別表1・1（2）（ハ））**【記載例2-4-3：登記申請情報（売買による所有権移転）】**（p.62）。

【記載例2-4-1：登記申請情報（1項保存）】

登　記　申　請　書

　登記の目的　　所有権保存

　所有者　　　　東京都文京区本郷三丁目○番○号
　　　　　　　　佐藤太郎

　　　　　　　　登記識別情報通知希望の有無：送付の方法による交付を希望する

　添付情報　　　住所証明書　　代理権限証書

　令和○年11月4日　法74条1項1号申請　東京法務局（登記所コード：0100）

　代理人　　　　東京都文京区本郷一丁目○番○号
　　　　　　　　司法書士　東京太郎
　　　　　　　　電話番号　03-○○○○-○○○○

　課税価格　　　金 12,000,000 円

　登録免許税　　金 48,000 円

　登記完了証の交付方法　　送付の方法による交付を希望する

　不動産の表示　所　在　　東京都文京区本郷三丁目　○番地○
　　　　　　　　家屋番号　○番○
　　　　　　　　種　類　　居宅
　　　　　　　　構　造　　木造スレート葺2階建
　　　　　　　　床面積　　1階　39・20平方メートル
　　　　　　　　　　　　　2階　30・53平方メートル

【記載例2-4-2：登記原因証明情報（売買）】

登記原因証明情報

1．登記申請情報の要項
　　（1）登記の目的　　　所有権移転
　　（2）登記の原因　　　令和○年12月20日　売買
　　（3）当　事　者　　　権利者（甲）　　鈴木次郎
　　　　　　　　　　　　　義務者（乙）　　佐藤太郎
　　（4）不　動　産　　　後記のとおり

2．登記の原因となる事実又は法律行為
　　（1）売買契約
　　　　乙は、甲に対し、令和○年12月8日、本件不動産を売った。
　　（2）所有権移転時期の特約
　　　　（1）の売買契約には、本件不動産の所有権は売買代金の支払いが完了した時に甲に
　　　移転する旨の所有権移転時期に関する特約が付されている。
　　（3）代金の支払
　　　　甲は、乙に対し、令和○年12月20日売買代金全額を支払い、乙はこれを受領した。
　　（4）所有権の移転
　　　　よって、本件不動産の所有権は、同日、乙から甲に移転した。

令和○年12月20日　東京法務局　御中

　上記内容のとおり相違なく、その証しとして本書を差し入れます。

　　　買主（甲）　東京都中央区築地八丁目○番○号

　　　　　鈴木次郎　　㊞

　　　売主（乙）　東京都文京区本郷三丁目○番○号

　　　　　佐藤太郎　　㊞

不動産の表示
　　　　　　　所　　在　　東京都文京区本郷三丁目
　　　　　　　地　　番　　○番○
　　　　　　　地　　目　　宅地
　　　　　　　地　　積　　39・25平方メートル

【記載例2-4-3：登記申請情報（売買による所有権移転）】

登 記 申 請 書

登記の目的　　所有権移転

原　　　因　　令和○年12月20日　売買

権 利 者　　東京都中央区築地八丁目○番○号
　　　　　　　鈴木次郎

　　　　　　　　登記識別情報通知希望の有無：送付の方法による交付を希望する

義 務 者　　東京都文京区本郷三丁目○番○号
　　　　　　　佐藤太郎

　　　　　　　　登記識別情報の提供の有無：有り

添付情報　　登記原因証明情報　　登記識別情報通知　　　印鑑証明書
　　　　　　住所証明書　　　　　　　　代理権限証書

令和○年12月20日申請　東京法務局（登記所コード：0100）

代 理 人　　東京都文京区本郷一丁目○番○号
　　　　　　　司法書士　東京太郎
　　　　　　　電話番号　03-○○○○-○○○○

課 税 価 格　　金48,250,000円

登録免許税　　金965,000円

登記完了証の交付方法　　送付の方法による交付を希望する

不動産の表示
　　　　　　　所　　在　　東京都文京区本郷三丁目
　　　　　　　地　　番　　○番○
　　　　　　　地　　目　　宅地
　　　　　　　地　　積　　39・25平方メートル

│ NOTE ③ │ 立会登記

　不動産登記に関連する司法書士の業務の中で、「立会（登記）」というものがあります。

　立会（登記）は法令で規定された業務でなく、確立された定義が定まっているとはいえないところもありますが、司法書士業界はもとより、不動産業界や金融業界においても認知されたものと評価できると思います。

　では、立会（登記）の実際とはどういうものなのかを見てみますと、シチュエーションとしては不動産取引の資金の決済の場面――そのほとんどは不動産売買の代金の支払時――ということになります。その際、当事者を含む関係者――不動産の売買の場合には売主・買主、仲介業者、購入代金の融資金融機関等――が一堂に会し、その場に司法書士が立ち会うことになります。そこで司法書士は、不動産登記申請を前提に、当事者の「①本人の確認」、対象不動産の「②物の確認」、売買等の「③意思の確認」とともに、登記申請に必要な「④書類の確認」を行います。そして、司法書士により、それらのすべての確認がなされてはじめて、売買代金の支払いを含む資金の移動が行われ、取引における「⑤条件成就の確認」ができた時点で散会となります。その後、司法書士は可及的速やかに、登記を申請することになります。

　立会（登記）は、これまで不動産取引の円滑と安全に貢献してきた仕組みであったとは思いますが、進展するデジタル化のなかではその意義や方法についても変容を迫られるかもしれません。

5　担保権に関する登記

（1）アウトライン

　担保とは、債権を保全し、債権の回収における優先的地位を確保するためのものですが、債務者以外の第三者の信用力に基づく保証等の**人的担保**と、不動産等の物の交換価値に基づく**物的担保**があります。

　物的担保には、民法で規定されているもの（**典型担保**）である担保物権として留置権（民法295条～）・先取特権（民法303条～）・質権（民法342条～）・（根）抵当権（民法369条～）があります。担保物権のうち留置権と先取特権は法律で規定される一定の要件を充たせば当然に成立するもの（**法定担保物権**）であり、質権・（根）抵当権は当事者の合意（設定契約）によって成立するもの（**約定担保物権**）です。また、民法で規定されていないもの（**非典型担保**）として、仮登記担保契約に関する法律に基づく仮登記担保や判例で認められている譲渡担保などがあります。

　登記することができる担保物権は先取特権・質権・（根）抵当権です（不登法83条）。なお、譲渡担保については、その法的性質を踏まえ、所有権移転登記によることとされています。

　ここでは、実務上、不動産担保の大半を占める抵当権と根抵当権について言及することとします。

（2）抵当権

①　意義等
　抵当権とは、担保の目的物である不動産を債権者（抵当権者）が占有することなく、当該不動産から他の債権者に先立って自己の債権の弁済を受けることのできる担保物権です（民法369条）。

　抵当権には担保されるべき債権（**被担保債権**）の存在が必須であり、被担保債権が消滅すると抵当権も当然に消滅するという性質（**附従性**）や、被担保債権が移転すると抵当権も当然に移転するという性質（**随伴性**）を有しています。なお、求償債権等の将来発生する可能性のある債権を被担保債権とすることも

認められています。

　抵当権の目的物は、特別法で規定される場合を除き、不動産ということになります（民法369条1項）。不動産の所有権以外でも地上権・永小作権・採石権も抵当権の対象となりますが（民法369条2項）、賃借権はその対象にはなりません。また、不動産の一部も抵当権の対象となりますが、分筆等の登記をしない限り抵当権設定登記をすることはできません。一方で共有持分は抵当権の対象となり、共有持分を対象として抵当権設定登記をすることができます。

　抵当権設定等については、登記によって対抗要件を備えることになります（民法177条）。なお、抵当権設定登記申請の登記原因は、被担保債権の発生原因である債権契約とその日付を明らかにしたうえで、抵当権設定の旨と設定契約の日付となります。なお、債権者を同一とする複数の債権を一つの抵当権で担保することも、被担保債権の一部のみを抵当権で担保することも可能です。

②　登記事項

　抵当権には、【図表2-5-1：抵当権の登記事項】のとおりの絶対的記載事項（不登法83条1項各号）と任意的記載事項（不登法88条1項各号）があります。

【図表2-5-1：抵当権の登記事項】

絶対的記載事項	債権額
	債務者
	抵当権者（不登法59条4号）
	目的となる所有権以外の権利
	共同抵当に関する定め
任意的記載事項	利息
	損害金
	債権に付した条件
	付加一体物に関する特則
	抵当証券発行に関する定め

（a）債権額

　債権額を登記することになります。債権額については日本円だけでなく外貨

でも登記可能ですが、その場合には日本円に換算した担保限度額を併せて登記する必要があります。

（b）債務者

債務者の氏名（商号等）と住所を登記することになります。なお、連帯債務の場合には「連帯債務者」と登記します。

（c）抵当権者

抵当権者の氏名（商号等）と住所を登記することになります。なお、抵当権者が銀行・労働金庫・信用金庫等である場合にはその取扱店（支店等）を含めて登記することができます。

（d）目的となる所有権以外の権利

地上権・永小作権・採石権を抵当権の目的とした場合には、その権利の内容を登記することになります。

（e）共同抵当に関する定め

同一の債権を担保するために、複数の不動産に抵当権を設定した場合には共同抵当権となり、共同担保目録が調製されます（不登法83条2項）。

（f）利　息

利息に関する定めがある場合には、利息について年率等によって登記することになります。これは、利息債権のうち最後の2年分が抵当権により担保されることから、それを公示するためです（民法375条1項）。なお、利息制限法の上限を超える利率については登記することはできません。

（g）損害金

損害金に関する定めがある場合には、損害金について年率等によって登記することになります（民法375条2項）。その趣旨等は利息と同様です。

（h）債権に付した条件

被担保債権に消滅等の条件を付した場合には、当該条件を登記することになります。

（i）付加一体物に関する特則

本来、抵当権の設定された不動産の付加一体物（立木等）には抵当権の効力が及ぶことになりますが、それと異なる定めをした場合には、その付加一体物に抵当権の効力は及ばない旨を登記することになります（民法370条）。

（ｊ）抵当証券発行に関する定め

　抵当証券法の規定に基づき抵当証券を発行する定めがある場合には、その旨と、元本・利息の弁済期や支払場所の定めがある場合にはそれらを登記することになります。

③　設　定
（ａ）当事者

　被担保債権の債権者（抵当権者）と、担保に供される不動産の所有者等の担保提供者（抵当権設定者）との間で抵当権設定契約を締結します。なお、被担保債権の債務者が必ずしも抵当権設定者となるわけではなく、債務者以外の第三者（物上保証人）の不動産に抵当権を設定するケースもあります。

　抵当権設定登記は、抵当権者を登記権利者、抵当権設定者を登記義務者として共同で申請します（不登法60条）。

（ｂ）添付情報

　抵当権設定登記申請の主な添付情報は、登記原因証明情報（不登法61条）、登記義務者の当該不動産を取得した際に通知・交付された登記識別情報（不登法22条）または登記済証（不登法附則6条3項）と印鑑証明書（不登令16条2項）です。

（ｃ）登録免許税

　抵当権設定登記申請の登録免許税は、債権額に1000分の4を乗じて算出した額を納付します（登免税法別表1・1（5））**【登記記録例 2-5-2：抵当権設定（共同担保目録）】**。

【登記記録例 2-5-2：抵当権設定（共同担保目録）】

権　利　部（乙　区）	（所有権以外の権利に関する事項）		
順位番号	登記の目的	受付年月日・受付番号	権利者その他の事項
1	抵当権設定	令和○年 6 月 14 日 第○○○○ 号	原因　令和 ○年 6 月 14 日金銭消費貸借同 　　日設定 債権額　金 2,400 万円 利息　年 1・2 %（年 365 日日割計算） 損害金　年 14 %（年 365 日日割計算） 債務者　新宿区西新宿三丁目○番○号 　　株式会社ＡＢＣ商事 抵当権者　中野区中野 一丁目○番○号 　　株式会社大日本銀行 　　（取扱店　新宿支店） 共同担保　目録（ま）第 ○○○○ 号

共同担保目録				
記号及び番号	（ま）第○○○○ 号		調整	令和○年 6 月 14 日
番号	担保の目的である権利の表示		順位番号	予備
1	中野区東中野二丁目○番○号の土地		2	余白
2	中野区東中野二丁目○番地○ 家屋番号 ○番○の建物		3	余白

④ 移　転

　抵当権は、被担保債権が移転すると抵当権もそれに伴って移転し、抵当権移転登記を行うことになります。また被担保債権の一部が移転すると抵当権もそれに伴って一部移転し（抵当権の準共有化）、抵当権一部移転登記を行うことになります。

　抵当権者に**相続**または**合併**があった場合の抵当権移転登記は、当該抵当権の承継者が**単独**で申請します（不登法 63 条 2 項）。一方、被担保債権の**債権譲渡**（民法 466 条）や**代位弁済**（民法 501 条 1 項）による場合の抵当権移転登記は、譲受人や代位弁済者を登記権利者、抵当権者を登記義務者として共同で申請します。なお、抵当権移転登記の登記原因については、被担保債権の移転の原因である「相続」や「債権譲渡」等となります**【登記記録例 2-5-3：抵当権移転】**。

【登記記録例 2-5-3：抵当権移転】

権　利　部（乙　区）		（所有権以外の権利に関する事項）	
順位番号	登記の目的	受付年月日・受付番号	権利者その他の事項
1	抵当権設定	令和○年6月14日 第○○○○号	原因　令和○年6月14日金銭消費貸借同日設定 債権額　金2,400万円 利息　年1・2％（年365日日割計算） 損害金　年14％（年365日日割計算） 債務者　新宿区西新宿三丁目○番○号 　　　　株式会社ＡＢＣ商事 抵当権者　中野区中野一丁目○番○号 　　　　株式会社大日本銀行 　　　　（取扱店　新宿支店）
付記1号	1番抵当権移転	令和○年9月10日 第○○○○号	原因　令和○年9月10日債権譲渡 抵当権者　台東区秋葉原三丁目○番○号 　　　　株式会社国際銀行 　　　　（取扱店　上野支店）

⑤　処　分

（a）転抵当

　転抵当とは、抵当権者が有する抵当権を他の債権の担保に供するというものです（民法376条1項）。

　転抵当登記は、転抵当権者を登記権利者、抵当権者を登記義務者として共同で申請します【登記記録例 2-5-4：転抵当】。

【登記記録例 2-5-4：転抵当】

権　利　部（乙　区）			(所有権以外の権利に関する事項)
順位番号	登記の目的	受付年月日・受付番号	権利者その他の事項
1	抵当権設定	令和○年 6 月 14 日 第○○○○ 号	原因　令和 ○年 6 月 14 日金銭消費貸借同 　　　日設定 債権額　金 2,400 万円 利息　年 1・2 %（年 365 日日割計算） 損害金　年 14 %（年 365 日日割計算） 債務者　新宿区西新宿三丁目○番○号 　　　株式会社ＡＢＣ商事 抵当権者　中野区中野 一丁目○番○号 　　　株式会社大日本銀行 　　　（取扱店　新宿支店）
付記 1 号	1 番抵当権 転抵当	令和○年 8 月 12 日 第○○○○ 号	原因　令和 ○年 8 月 12 日金銭消費貸借同 　　　日設定 債権額　金 1,800 万円 利息　年 7 %（年 365 日日割計算） 損害金　年 14.5 %（年 365 日日割計算） 債務者　中野区中野 一丁目○番○号 　　　株式会社大日本銀行 転抵当権者　台東区秋葉原三丁目○番○号 　　　株式会社国際銀行 　　　（取扱店　上野支店）

（b）抵当権の譲渡・放棄

　抵当権の譲渡・放棄とは、抵当権者が債務者を同一とする無担保債権者に対し、抵当権を被担保債権と切り離してその優先弁済権のみを譲渡・放棄するというものです（民法 376 条 1 項）。抵当権の譲渡については無担保であった債権者が**抵当権者に優先**して弁済を受けることができ、抵当権の放棄については無担保であった債権者と抵当権者が**同順位**でそれぞれの債権額に按分した額で弁済を受けることになります。

　抵当権の譲渡・放棄の登記は、譲渡・放棄を受けた無担保債権者を登記権利者、譲渡・放棄をした抵当権者を登記義務者として共同で申請します**【登記記録例 2-5-5：抵当権の譲渡】**。

【登記記録例 2-5-5：抵当権の譲渡】

権　利　部（乙　区）		(所有権以外の権利に関する事項)	
順位番号	登記の目的	受付年月日・受付番号	権利者その他の事項
1	抵当権設定	令和○年 6 月 14 日 第○○○○ 号	原因　令和 ○年 6 月 14 日金銭消費貸借同 　　　日設定 債権額　金 2,400 万円 利息　年 1・2 ％（年 365 日日割計算） 損害金　年 14 ％（年 365 日日割計算） 債務者　新宿区西新宿三丁目○番○号 　　　　株式会社ＡＢＣ商事 抵当権者　中野区中野 一丁目○番○号 　　　　株式会社大日本銀行 　　　　（取扱店　新宿支店）
付記 1 号	1 番抵当権 譲渡	令和○年 7 月 27 日 第○○○○ 号	原因　令和 ○年 6 月 14 日金銭消費貸借同 　　　年 7 月 27 日譲渡 債権額　金 800 万円 利息　年 5 ％（年 365 日日割計算） 損害金　年 14.5 ％（年 365 日日割計算） 債務者　新宿区西新宿三丁目○番○号 　　　　株式会社ＡＢＣ商事 受益者　台東区秋葉原三丁目○番○号 　　　　株式会社国際銀行 　　　　（取扱店　上野支店）

（c）順位の譲渡・放棄

　順位の譲渡・放棄とは、先順位抵当権者が後順位抵当権者に対し、抵当権を被担保債権と切り離してその順位を譲渡・放棄するというものです（民法 376 条 1 項）。順位の譲渡については譲渡を受けた後順位抵当権者が譲渡をした**先順位抵当権者に優先**して弁済を受けることができ、順位の放棄については放棄をした先順位抵当権者と放棄を受けた後順位抵当権者が**同順位**でそれぞれの債権額に按分した額で弁済を受けることができます。

　順位の譲渡・放棄の登記は、譲渡・放棄を受けた後順位抵当権者を登記権利者、譲渡・放棄をした先順位抵当権者を登記義務者として共同で申請します**【登記記録例 2-5-6：順位の放棄】**。

【登記記録例 2-5-6：順位の放棄】

権　利　部（乙　区）		（所有権以外の権利に関する事項）	
順位番号	登記の目的	受付年月日・受付番号	権利者その他の事項
1	抵当権設定	令和○年 6 月 14 日 第○○○○ 号	原因　令和 ○年 6 月 14 日金銭消費貸借同 　　日設定 債権額　金 2,400 万円 利息　年 1・2 %（年 365 日日割計算） 損害金　年 14 %（年 365 日日割計算） 債務者　新宿区西新宿三丁目○番○号 　　株式会社ＡＢＣ商事 抵当権者　中野区中野 一丁目○番○号 　　株式会社大日本銀行 　　（取扱店　新宿支店）
付記 1 号	1 番抵当権の 2 番抵当権への順位放棄	令和○年 8 月 15 日 第○○○○ 号	原因　令和 ○年 8 月 15 日順位放棄
2 1 付 1	抵当権設定	令和○年 8 月 15 日 第○○○○ 号	原因　令和 ○年 8 月 15 日金銭消費貸借同 　　日設定 債権額　金 2,000 万円 利息　年 1・5 %（年 365 日日割計算） 損害金　年 14 %（年 365 日日割計算） 債務者　新宿区西新宿三丁目○番○号 　　株式会社ＡＢＣ商事 抵当権者　台東区秋葉原三丁目○番○号 　　株式会社国際銀行 　　（取扱店　上野支店）

⑥　債務者の変更

　被担保債権について債務の引受けがなされると債務者に変更が生じ、抵当権の債務者変更登記をすることになります。

　債務引受には、原債務者が債権債務関係から離脱せずに債務の引受人と原債務者が連帯債務の関係となる**併存（重畳）的債務引受**（民法 470 条）と、原債務者が債権債務関係から離脱し、債務の引受人のみが債務者となる**免責的債務引受**（民法 472 条）があります。

　債務者に相続や合併があった場合、当該債務の承継者が債務を承継し、債務

者に変更が生じ、抵当権の債務者変更登記をすることになります。

　抵当権の債務者変更登記は、抵当権者を登記権利者、抵当権設定者を登記義務者として共同で申請し、変更後の債務者は当該登記に直接的には関与しません。なお、当該変更登記の登記原因については、債務者の変更の原因である「免責的債務引受」や「相続」等となります。

⑦　順位変更

　同一の不動産に複数の（根）抵当権が設定されている場合、各（根）抵当権者の合意と利害関係人の承諾を得て抵当権の順位を変更をすることができます（民法 374 条 1 項）。なお、順位の変更は、その**登記をしなければ効力が生じません**（民法 374 条 2 項）。

　順位変更登記は、順位の変更当事者である抵当権者全員が**合同**で申請することになりますが、その登記申請には当該（根）抵当権の処分等を受けた利害関係人の承諾書を添付しなければなりません（不登令 7 条 1 項 5 号ハ）**【登記記録例 2-5-7：順位変更】**。

【登記記録例 2-5-7：順位変更】

権　利　部（乙　区）		（所有権以外の権利に関する事項）	
順位番号	登記の目的	受付年月日・受付番号	権利者その他の事項
1 （3）	抵当権設定	令和○年 6 月 14 日 第○○○○ 号	原因　令和 ○年 6 月 14 日金銭消費貸借同 　　日設定 債権額　金 2,400 万円 利息　年 1・2 %（年 365 日日割計算） 損害金　年 14 %（年 365 日日割計算） 債務者　新宿区西新宿三丁目○番○号 　　株式会社ＡＢＣ商事 抵当権者　中野区中野 一丁目○番○号 　　株式会社大日本銀行 　　（取扱店　新宿支店）
2 （3）	抵当権設定	令和○年 8 月 15 日 第○○○○ 号	原因　令和 ○年 8 月 15 日金銭消費貸借同 　　日設定 債権額　金 2,000 万円 利息　年 1・5 %（年 365 日日割計算） 損害金　年 14 %（年 365 日日割計算） 債務者　新宿区西新宿三丁目○番○号 　　株式会社ＡＢＣ商事 抵当権者　台東区秋葉原三丁目○番○号 　　株式会社国際銀行 　　（取扱店　上野支店）
3	1 番，2 番 順位変更	令和○年 11 月 8 日 第○○○○ 号	原因　令和 ○年 11 月 8 日合意 第 1　 2 番抵当権 第 2　 1 番抵当権

（3）根抵当権

①　意義等

　根抵当権とは、設定契約で定められた**一定の範囲内の不特定多数の債権**を、**極度額の限度**で担保する抵当権の一種です（民法 398 条の 2）。

　根抵当権は多数の債権を担保するのが前提であることから、抵当権の性質である附従性と随伴性は否定されており、被担保債権が移転・消滅をしても、それに伴って根抵当権は移転・消滅しません（民法 398 条の 7 第 1 項・2 項）。ただし、根抵当権は元本確定することにより（民法 398 条の 20）、普通抵当権と

同様に附従性と随伴性が生じることになります。

　極度額・債権の範囲・債務者が同一の根抵当権を複数の不動産に設定する際に、**共同担保である旨**を登記することによって、共同根抵当権となります（民法398条の16）。なお、共同担保である旨を登記しない場合には、その内容が同じであっても別個の根抵当権となります（民法398条の18／**累積式根抵当権**）。

　根抵当権が民法で明文化された昭和47（1972）年4月1日より前に設定された根抵当権は「旧根抵当権」と呼ばれ、現行の根抵当権とは登記事項等の取扱いが異なります。

　根抵当権設定登記申請の登記原因は、抵当権と異なり債権契約の内容は記載せず、単に根抵当権を設定した旨と設定契約の日付になります。

　②　登記事項

　根抵当権には、【図表2-5-8：根抵当権の登記事項】のとおりの絶対的記載事項（不登法83条1項各号）と任意的記載事項（不登法88条2項各号）があります。なお、抵当権と同内容のものについては言及を省略します（p.65）【図表2-5-8：根抵当権の登記事項】。

【図表2-5-8：根抵当権の登記事項】

絶対的記載事項	極度額
	債権の範囲
	根抵当権者
任意的記載事項	確定日付
	共有根抵当権における優先の定め

　（a）極度額

　根抵当権が担保する限度額である極度額を登記することになります。極度額の範囲内であれば、当該被担保債権に関する利息・損害金もその年数に制限なく、担保されます。

　（b）債権の範囲

　根抵当権が担保する債権の範囲を登記することになります。債権の範囲とし

ては、ⅰ）債務者との特定の**継続的取引契約**によって生ずるもの（たとえば令和〇年〇月〇日当座貸越契約）、ⅱ）債務者との**一定の種類の取引**によって生ずるもの（たとえば売買取引）、ⅲ）債務者との間で**特定の原因に基づいて継続して生ずるもの**（たとえば〇〇工場の廃液による損害賠償債権）、ⅳ）**手形債権・小切手債権・電子記録債権**が認められています（民法398条の2第2項・3項）。なお、それらに加えるかたちであれば特定の債権についても債権の範囲に含めることができます。

（c）債務者

債務者の氏名（商号等）と住所を登記することになります。仮に連帯債務関係の場合でも、抵当権の場合と異なり、連帯債務者とは登記せず、複数の債務者を連記し、単に「債務者」と登記します。

（d）根抵当権者

根抵当権者の氏名（商号等）と住所を登記することになります。なお、仮に根抵当権が準共有であったとしても、各根抵当権者の持分は登記されません。

（e）元本確定日

元本の確定日付を定めた場合には、当該日付を登記することになります。なお、この日付は設定の日から5年以内でなければなりません（民法398条の6第3項）。

（f）優先の定め

元本確定前の準共有状態の根抵当権について、債権額の割合とは異なる割合で弁済を受ける旨の合意を準共有根抵当権者間でした場合には、その旨を登記することになります。

③　設　定

根抵当権設定契約・登記申請については、登記事項を除き、当事者や添付情報は抵当権設定の場合と同様です（p.67）【記載例2-5-9：登記申請情報（根抵当権設定）】（p.81）。

④ 処 分
（a）全部譲渡

元本確定前の根抵当権は附従性がないため、被担保債権を譲渡しても根抵当権は移転しません。一方で、根抵当権の全部を被担保債権と切り離し、根抵当権設定者の承諾を得たうえで、譲渡することができます（民法398条の12第1項）。根抵当権が譲渡されると、譲渡人の被担保債権は担保されなくなり、譲受人の債権は当該債権の範囲内のものであれば**譲渡前のものでも担保される**ことになります。

根抵当権の全部譲渡登記は、譲受人を登記権利者、譲渡人を登記義務者として共同で申請することになりますが、当該登記申請には根抵当権設定者の全部譲渡についての承諾書を添付する必要があります（不登令7条1項5号ハ）。

（b）一部譲渡

元本確定前の根抵当権を根抵当権設定者の承諾を得て、その一部を譲渡し、当該根抵当権を譲渡人と譲受人の準共有にすることができます（民法398条の13）。

根抵当権の一部譲渡登記は、譲受人を登記権利者、譲渡人を登記義務者として共同で申請することになりますが、当該登記申請には、根抵当権設定者の一部譲渡についての承諾書を添付する必要があります（不登令7条1項5号ハ）。

（c）分割譲渡

元本確定前の根抵当権を、根抵当権設定者の承諾を得て、**2個の根抵当権に分割**し、その一方を譲渡することができます（民法398条の12第2項）。

根抵当権の分割譲渡登記は、譲受人を登記権利者、譲渡人を登記義務者として共同で申請することになりますが、当該登記申請には、根抵当権設定者と分割譲渡される根抵当権を目的とする権利（転抵当等）を有する者の分割譲渡についての承諾書を添付する必要があります（不登令7条1項5号ハ）**【登記記録例2-5-10：根抵当権分割譲渡】**。

【登記記録例 2-5-10：根抵当権分割譲渡】

順位番号	登記の目的	受付年月日・受付番号	権利者その他の事項
権　利　部（乙　区）		（所有権以外の権利に関する事項）	
1	抵当権設定	令和○年2月13日 第○○○○号	原因　令和○年2月13日設定 極度額　金1,000万円 債権の範囲　銀行取引　手形債権　小切手債 　権　電子記録債権 債務者　新宿区西新宿三丁目○番○号 　株式会社ＡＢＣ商事 抵当権者　中野区中野一丁目○番○号 　株式会社大日本銀行 　（取扱店　新宿支店） 共同担保　目録（あ）第○○○○号
付記1号	1番（あ） 根抵当権変 更	余白	極度額　金300万円 分割譲渡により令和○年6月15日付記
1（い）	1番根抵当 権分割譲渡	令和○年10月10日 第○○○○号	原因　令和○年10月10日分割譲渡 （根抵当権の表示） 令和○年2月13日受付 第○○○○号 原因　令和○年2月13日設定 極度額　金700万円 債権の範囲　銀行取引手形債権小切手債 権電子記録債権 債務者新宿区西新宿三丁目○番○号 　株式会社ＡＢＣ商事 抵当権者　台東区秋葉原三丁目○番○号 　株式会社国際銀行 　（取扱店　上野支店） 共同担保　目録（い）第○○○○号

⑤　変　更

（a）債権の範囲

　元本確定前の根抵当権は、根抵当権者と根抵当権設定者との合意により債権の範囲を変更することができ、変更後の債権の範囲についての債権を担保することになります（民法398条の4第1項）。債権の範囲を拡大・縮減するいずれの場合であっても後順位抵当権者等の**第三者の承諾は不要**です（民法398条の

4第2項)。債権の範囲の変更は**登記**をしなければ効力を生じません (民法398
条の4第3項)。

　債権の範囲の変更登記は、原則として根抵当権者を登記権利者、根抵当権設
定者を登記義務者として共同で申請します。ただし、債権の範囲を縮減するこ
とが明らかな場合には、根抵当権設定者を登記権利者、根抵当権者を登記義務
者として共同で申請します。

　(b) 極度額

　元本確定前の根抵当権の極度額は、**利害関係人の承諾**を得たうえで、根抵当
権者と根抵当権設定者との合意により変更することができます (民法398条の
5)。

　元本確定後の根抵当権についても極度額の変更をすることができますが、当
事者間の合意による場合のほか、**根抵当権設定者からの減額請求**による場合も
あります (民法398条の21)。

　極度額の変更登記は、増額変更の場合には根抵当権者を登記権利者、根抵当
権設定者を登記義務者として、減額変更の場合には根抵当権設定者を登記権利
者、根抵当権者を登記義務者として共同で申請します。

　(c) 債務者

　元本確定前の根抵当権は、当事者の合意により債務者を変更することができ、
変更後の債務者に対しての債権を担保することになります (民法398条の4第
1項)。債務者の変更には後順位抵当権者等の**第三者の承諾は不要**です (民法
398条の4第2項)。**元本確定前**の債務者の変更は**登記をしなければ効力を生じ
ません** (民法398条の4第3項)。

　元本確定後の根抵当権については、附従性・随伴性が生じますので、**通常の
抵当権と同様の事由**により債務者を変更することができます (p.72〜)。なお、
相続・合併を原因とする債務者の変更は元本確定の前後を問わず、することが
できます。

　債務者の変更登記は、原則として根抵当権者を登記権利者、根抵当権設定者
を登記義務者として共同で申請します。

　⑥　元本確定

　根抵当権の元本確定とは、変動する被担保債権を固定化させるもので、以後、

新たな債権が発生しても当該根抵当権では担保されません。

　根抵当権の元本の確定事由については法定されており、**【図表2-5-11：元本確定事由】**のとおりです。

　根抵当権の元本確定については、原則として登記が必要ですが、登記上元本確定していることが明らかな場合には、元本確定の登記は不要となります。また、元本確定の登記は、原則として根抵当権設定者を登記権利者、根抵当権者を登記義務者として共同で申請しますが、元本の確定事由によっては根抵当権者が単独で申請することができるものもあります。

【図表2-5-11：元本確定事由】

元本確定事由
元本確定期日が到来したとき（民法398条の6）
根抵当権者または債務者の相続後、6か月以内に合意の登記をしなかったとき（民法398条の8第4項）
根抵当権者または債務者の合併後、根抵当権設定者が確定請求をしたとき（民法398条の9第4項）
根抵当権者または債務者の会社分割後、根抵当権設定者が確定請求をしたとき（民法398条の10第3項）
根抵当権設定者が根抵当権の設定の時から3年を経過したときに確定請求をし、請求の日から2週間が経過したとき（民法398条の19第1項）
根抵当権者が確定請求をしたとき（民法398条の19第2項）
根抵当権者が競売または担保不動産収益執行の申立てをしたとき（民法398条の20第1項1号）
根抵当権者が物上代位による差押えの申立てをしたとき（民法398条の20第1項1号）
対象不動産に滞納処分による差押えがされたとき（民法398条の20第1項2号）
根抵当権者が抵当不動産に対する競売手続の開始または滞納処分による差押えがあったことを知った時から2週間を経過したとき（民法398条の20第1項3号）
債務者が破産手続開始の決定を受けたとき（民法398条の20第1項4号）
根抵当権者が破産手続開始の決定を受けたとき（民法398条の20第1項4号）

⑦ 消滅請求

　根抵当権の消滅請求とは、根抵当権の**元本確定後**において**被担保債権の額が極度額を超える場合**に、物上保証人または抵当不動産について所有権等を取得した者が、極度額に相当する金銭を支払い、当該根抵当権の消滅を請求できるというものです（民法398条の22第1項）。

　共同根抵当権については、そのうちの一個の不動産について消滅請求がなされると、全ての不動産について根抵当権が消滅します（民法398条の22第2項）。

　根抵当権の消滅請求による抹消登記は、根抵当権設定者を登記権利者、根抵当権者を登記義務者として共同で申請します。

【記載例2-5-9：登記申請情報（根抵当権設定）】

```
　　　　　　　　　　　登 記 申 請 書

　登記の目的　　根抵当権設定

　原　　　因　　令和○年12月20日　設定

　極 度 額　　金3億円

　債権の範囲　　銀行取引　手形債権　小切手債権　電子記録債権

　債 務 者　　東京都新宿区西新宿三丁目○番○号
　　　　　　　　株式会社ＡＢＣ商事
　　　　　　　　代表取締役　中山太郎

　根抵当権者　　東京都中野区中野一丁目○番○号
　　　　　　　　株式会社大日本銀行
　　　　　　　　（取扱店　新宿支店）
　　　　　　　　代表取締役　大山次郎
　　　　　　　　会社法人等番号　○○○○○○○○○○○○
　　　　　　　　登記識別情報通知希望の有無：送付の方法による交付を希望する

　設 定 者　　東京都新宿区西新宿三丁目○番○号
　　　　　　　　株式会社ＡＢＣ商事
　　　　　　　　代表取締役　中山太郎
　　　　　　　　会社法人等番号　○○○○○○○○○○○○
　　　　　　　　登記識別情報の提供の有無：有り
```

添 付 情 報　　登記原因証明情報　　登記識別情報通知　　印鑑証明書
　　　　　　　　代理権限証書　会社法人等番号

令和○年 12 月 20 日申請　東京法務局　豊島出張所（登記所コード：0133）

代 理 人　　東京都文京区本郷○丁目 21 番 23 号
　　　　　　司法書士　東京太郎
　　　　　　電話番号　03 － ○○○○ － ○○○○

課 税 価 格　　金 3,000,000,000　円

登録免許税　　金 1,200,000　円

登記完了証の交付方法　　送付の方法による交付を希望する

不動産の表示
　　　　　　所　　在　　東京都豊島区池袋三丁目
　　　　　　地　　番　　○番○
　　　　　　地　　目　　宅地
　　　　　　地　　積　　339・25 平方メートル

6 相続に関する登記

（1）アウトライン

　人が死亡することにより相続が開始し（民法882条）、死亡した人（**被相続人**）に属していた一切の権利義務を法定相続人が包括的に承継することになります（民法896条）。

　登記名義が被相続人である不動産の所有権等の権利については、相続人等に移転することになります。なお、本パートでは格別の断りがない限り、不動産の所有権の登記をベースに言及することとします。

（2）相続人

① 法定相続人

　被相続人の**配偶者**は常に**法定相続人**となります（民法890条）。なお、配偶者とは婚姻関係がある者であり、離婚した前夫や内縁の妻などは含まれません。

　血族のうち**子**が第1順位の法定相続人となります（民法887条1項）。なお、子には実子だけでなく、養子も含まれますし、婚姻関係にない男女から出生した非嫡出子も該当します。

　子がいない場合、**直系尊属**（父母、祖父母などのうち最も親等の近い者）が第2順位の法定相続人となります（民法889条1項1号）。なお、親には実親だけでなく、養親も含まれます

　直系尊属がいない場合、**兄弟姉妹**が第3順位の法定相続人となります（民法889条1項2号）。

② 法定相続分

　法定相続人が一人であれば、その者が全ての相続財産を承継することになりますが、法定相続人が複数いる場合には、法定相続分で相続するのが原則です。この割合は、法定相続人の順位により異なり（民法900条）、同順位の法定相続人が複数いる場合には、その頭数での均等の割合になります**【図表2-6-1：法定相続の態様】**。

【図表 2-6-1：法定相続の態様】

相続順位	血族相続人	血族相続人の相続分	配偶者の相続分
第1順位	子	1／2	1／2
第2順位	直系尊属	1／3	2／3
第3順位	兄弟姉妹	1／4	3／4

③　代襲相続

　代襲相続とは、被相続人の子あるいは被相続人の兄弟姉妹が、被相続人の死亡以前に相続権を失っていた場合に、その相続人の子が代わって相続をするというものです（民法887条2項・889条2項）。

　たとえば父親（被相続人）が死亡し、本来であれば長男が相続するところ、父親の死亡前にすでに長男が死亡している場合には、相続人となるはずだった長男の子（被相続人の孫）が、代わりに被相続人を相続することとなり、長男の子（被相続人の孫）を**代襲相続人**といいます。なお、仮に代襲相続人となるべき者（被相続人の孫）も被相続人より先に亡くなっているときには、その子（被相続人のひ孫）というかたちで代々の直系がその地位を引き継ぐことになります（民法887条3項）。

　兄弟姉妹が法定相続人である場合で、被相続人よりその兄弟姉妹が先に亡くなっているときには、その子（被相続人の甥姪）が代襲相続人となります。ただし、直系の子や孫などと異なり、代襲するのは一代限り（被相続人の甥姪まで）です（民法889条2項での民法887条3項の不準用）。

④　法定相続人の証明

　不動産の相続登記をはじめとする各種の相続手続を行うに際しては、だれが法定相続人であるかを証明する必要があります。日本には明治時代から脈々と続く**戸籍**制度があり、この戸籍をたどることで法定相続人を明らかにすることができます。具体的には、被相続人の出生から死亡に至るまでの戸籍謄本等と法定相続人の戸籍謄本等を取得することになります。なお、戸籍謄本等は**本籍地**の市区町村役場で取得します。

　各種の相続手続には、それらの戸籍謄本等一式を提出することになりますが、相続手続を要する財産が多数となる場合には、戸籍謄本等一式を手続の件数分

揃えたり、回転して使用せざるを得なくなり、費用や時間がかかることになります。そのような相続手続の便宜を図るための制度として、戸籍謄本等一式を法務局に提出し、**法定相続情報証明**を必要な通数分、交付を受けることができます。これを利用することにより、各種の相続手続を円滑かつ迅速に進めることが可能となります**【記載例2-6-2：法定相続情報証明】**（p.94）。

⑤　相続の承認・放棄
（a）単純承認
相続人は、相続があったことを知った日から**3か月以内**に**相続放棄**または**限定承認**をしなかったときには、相続を承認したものとなります（民法915条1項・921条2号）。なお、この承認のことを限定承認との対比から単純承認といいます（民法920条）。

相続開始後3か月以内であっても、相続人が相続財産の一部を使ってしまったような場合には、当該相続人は相続を単純承認したものとみなされます（民法921条）。

（b）相続放棄
相続人は、相続があったことを知った日から**3か月以内**に、**単独で**相続放棄をすることができます。なお、相続の開始前には相続放棄をすることはできません。

相続人が相続放棄をするには、その旨を**家庭裁判所に申述**し、それが受理される必要があります（民法938条）。なお、相続放棄をした場合であっても、戸籍謄本等にその事実が記載されることはありません。

相続放棄をした者は、**はじめから相続人でなかった**ものとみなされます（民法939条）。また、相続放棄をした場合、相続放棄をした者の直系卑属（子、孫……）への代襲相続は発生しません**【記載例2-6-3：相続放棄申述受理証明書】**（p.95）。

（c）限定承認
相続人は、相続があったことを知った日から**3か月以内**に限定承認をすることができます。ただし、相続人が複数いる場合には、相続放棄とは異なり、**相続人全員で共同**して行わなければなりません（民法923条）。

限定承認とは、プラスの相続財産（不動産や預金等）からマイナスの相続財

産（借金や未払金等）を差し引いて、余りがあればそれを承継するというものです。

　相続人が限定承認をするには、その旨を**家庭裁判所に申述**し、それが受理される必要があります（民法 924 条）。

（3）法定相続

　相続が開始し、ⅰ）遺言書がない場合、ⅱ）相続人が 1 人のみである場合、ⅲ）相続人が複数人いるものの遺産分割協議が調わない等の場合には、法定相続による登記を行うことができます。

　法定相続による登記申請は、法定相続人全員が申請人となるのが原則ですが、法定相続人のうち 1 人からでも申請することができます。これは法定相続に伴い、相続財産である不動産が共同相続人全員による共有状態となるので、法律上の「保存行為」と解される法定相続による登記については、各共有者が単独で全員分の申請をすることができるためです（民法 252 条ただし書）。ただし、この場合、登記完了後に通知される**登記識別情報**は、申請人となった者に対し、その者の分のみが通知され（不登法 21 条本文）、申請人以外の法定相続人には通知されません。したがって、その後に当該不動産の売買や担保設定の登記を申請する際には、代替の手続である事前通知や資格者代理人による本人確認（p.58）による必要があります。

（4）遺　言

①　遺言の意義等

　遺言とは、生前に自らの財産の行方等を自らで決定し、それを書面に残しておくというものです。遺言の効果が発生するのは遺言者の死後になるため（民法 985 条 1 項）、遺言の内容が遺言者本人の真意なのか、そもそも本人が作成したものなのか、それらを本人に確かめることができません。そこで、遺言については法律で厳格に方式を定め、不適格な遺言は無効とすることで、遺言者の最終意思の実現を図っています。

　遺言は何度でも書き直しをすることができ（民法 1022 条）、後から書かれた遺言の内容が優先されます（民法 1023 条）。

　遺言は法律行為の一種ですが、契約とは異なり、単独で行うため一定の方式

が要求されています。一般的な遺言の方式には**自筆証書遺言**と**公正証書遺言**が
あります。

②　遺言事項の内容

　相続財産に関する遺言事項として、法定相続分の割合とは異なった割合で相
続分を定める**相続分の指定**（民法 902 条 1 項）と、遺産の分割の方法を指定す
る**遺産分割方法の指定**（民法 908 条）があります。

　実務では、遺産分割方法の指定の一つとされる相続財産のうち特定の財産を
相続人の 1 人または数人に承継させる旨の**特定財産承継遺言**（民法 1014 条 2
項）が利用されることが少なくありません。

　遺言によって不動産を相続した相続人は、自らの法定相続分については、相
続登記をすることなく第三者に対抗することができますが、それを超える部分
については、相続登記をしなければ第三者に対抗することができません（民法
899 条の 2 第 1 項）。

③　遺　　贈

　遺贈とは、遺言者が遺言により自分の財産を他の人（**受遺者**）に譲り渡すこ
とをいいます。遺贈には、対象財産を「全部」や「2 分の 1」といったように
割合で示す**包括遺贈**と、「甲不動産」といったように個別に財産を示す**特定遺
贈**があります（民法 964 条）。なお、前者の包括遺贈によって権利を得た包括
受遺者は相続人と同一の権利義務を有します（民法 990 条）。

　遺贈の場合、相続人以外の親族や第三者を対象に行うことも可能です。また、
特定遺贈については、意思表示によって物権変動の効果を生ずる点で通常の贈
与と変わらないため、登記をしなければ第三者に対抗することができません。

④　公正証書遺言

　公正証書遺言とは、公正証書として**公証人が作成**し、公証役場でその原本が
保管される遺言です（民法 969 条）。なお、公正証書遺言の作成にあたっては 2
人以上の証人の立会いが必要となります（民法 969 条 1 号）。

　公正証書遺言については、自筆証書遺言と異なり、**検認の手続は不要です**
（民法 1004 条 2 項）**【記載例 2-6-4：公正証書遺言】**（p.96）。

⑤　自筆証書遺言

　自筆証書遺言とは、遺言者本人が自筆で書き上げる遺言です（民法968条）。

　自筆証書遺言の要件としては、**全文自書**であることがあげられます（民法968条1項）。ただし、財産の目録となる部分については、パソコンで作成したものや不動産の登記事項証明書のコピーなどを添付のうえ、各ページに署名捺印する方法によることもできます（民法968条2項）。その他に**作成日付**があること（民法968条1項）、遺言者本人の**署名**と**押印**があること（民法968条1項）が法的に求められています。

　自筆証書遺言については、遺言者の死亡後に、当該遺言書の保管者等は開封することなく、遺言者の最後の住所地を管轄する**家庭裁判所**で**検認**を経なければなりません（民法1004条1項）。検認とは、相続人に対して、遺言の存在とその内容を知らせ、遺言書の状態などを明らかにし、遺言書の偽造・変造を防止するための手続です。あくまでも遺言書の現状を保護する手続であるため、検認を経たからといって、遺言の内容が有効なものとして確定するわけではありません。一方で、検認後でなければ、不動産登記申請等の手続に当該遺言書を用いることはできません。

　自筆証書遺言については、遺言者本人が保管するのが基本であると思われますが、「**法務局における遺言書の保管等に関する法律**」に基づき遺言書を**法務局**で保管してもらうこともできます。なお、この制度を利用した場合には、**検認の手続が不要**となります【記載例2-6-5：自筆証書遺言】（p.98）。

⑥　遺言の執行

　遺言の効力発生後、遺言の内容を実現させるための遺言の執行が必要となります。この遺言を執行する人を**遺言執行者**といい、遺言の内容を実現するための相続財産の管理その他遺言の執行に必要な一切の行為をする権利義務を有します（民法1012条1項）。

　遺言執行者は遺言者が遺言で指定しておくのが一般的ですが（民法1006条1項）、利害関係人の請求により家庭裁判所が選任することもできます（民法1010条）。

⑦　特定財産承継遺言による登記申請

（a）原　因

特定財産承継遺言による場合の登記原因は「**相続**」となり、原因日付は相続の日です。

（b）申請人

特定財産承継遺言による相続の登記申請は、当該不動産を承継した相続人が**単独**で申請することになります（不登法63条2項）。なお、遺言執行者も遺言執行事務の一環として当該登記を申請することができます（民法1014条2項）。

（c）添付情報

特定財産承継遺言による相続の登記申請には、ⅰ）遺言書のほか、ⅱ）遺言者の死亡の記載のある除籍謄本と除住民票の写し、ⅲ）当該不動産を承継した相続人の戸籍謄本と住民票の写し等の住所証明書を添付するのが基本です。

（d）登録免許税

特定財産承継遺言による相続の登記申請の登録免許税は、不動産の価額に1000分の4を乗じて算出した額を納付します（登免税法別表1・1（2）イ）。

⑧　相続人以外への特定遺贈による登記申請

（a）原　因

相続人以外への特定遺贈による登記原因は「相続」ではなく「**遺贈**」となり、原因日付は原則として遺言者の死亡の日です。

（b）申請人

相続人以外への特定遺贈の登記申請は、当該不動産の受遺者を登記権利者、遺言執行者を登記義務者として共同で申請することになります。なお、遺言執行者がいない場合には**遺言者の相続人全員**が登記義務者となって登記を申請することもできます。

（c）添付情報

相続人以外への特定遺贈の登記申請には、ⅰ）遺言書のほか、ⅱ）遺言者の死亡の記載のある除籍謄本、除住民票の写しと所有権の登記識別情報、ⅲ）受遺者の住所証明書、ⅳ）遺言執行者の印鑑証明書を添付するのが基本です。

（d）登録免許税

相続人以外への特定遺贈の登記申請の登録免許税は、不動産の価額に1000

分の20を乗じて算出した額を納付します（登免税法別表1・1（2）ハ）。

（5）遺産分割

① 遺産分割の意義等

　遺産分割とは、相続財産のうち何を誰が相続するかを相続人全員で協議し、決定するというものです。なお、遺言がある場合には、遺言が遺産分割協議に優先するのが原則です。

② 遺産分割協議書の作成

　相続人間での遺産分割の協議がまとまりますと、**遺産分割協議書**という書面を作成するのが一般的です。

　遺産分割協議書は、不動産登記等の手続を踏まえ、相続人全員が署名のうえ、いわゆる**実印**を押印し、**印鑑証明書**を添付することになります【**記載例2-6-6：遺産分割協議書**】（p.99）。

③ 遺産分割による登記申請

（a）原　因

　遺産分割協議による場合の登記原因は「**相続**」となり、原因日付は相続の日です。

（b）申請人

　遺産分割協議による相続の登記申請は、当該不動産を承継した相続人が**単独**で申請することになります（不登法63条2項）。

（c）添付情報

　遺産分割協議による相続の登記申請には、ⅰ）遺産分割協議書のほか、ⅱ）被相続人の出生から死亡までの記載のある除籍謄本等と除住民票の写し、ⅲ）法定相続人全員の戸籍謄本と印鑑証明書、ⅲ）当該不動産を承継した相続人の住所証明書を添付するのが基本です。

（d）登録免許税

　遺産分割協議による相続の登記申請の登録免許税は、不動産の価額に1000分の4を乗じて算出した額を納付します（登免税法別表1・1（2）イ）。

（6）相続人不存在

① 相続人不存在の意義等

相続が開始した際に、被相続人の法定相続人に該当する人がいない場合や、法定相続人がいたものの、その全員が相続放棄をした場合には、「相続人不存在」となります。

② 相続人不存在の手続

相続人不存在の場合の基本的な手続な流れは、**【図表 2-6-7：相続人不存在の手続の流れ】**のとおりです。

【図表 2-6-7：相続人不存在の手続の流れ】

利害関係人等による家庭裁判所への相続財産管理人選任の申立て（民法952条1項）

⇩

相続財産管理人選任の公告（民法 952 条 2 項／2 か月間）

⇩

相続債権者・受遺者への請求申出の公告（民法 957 条 1 項／2 か月間）

⇩

相続人捜索の公告（民法 958 条／6 か月間）

⇩

特別縁故者による財産分与の申立て（民法 958 条の 3）

⇩

特別縁故者がいない／特別縁故者に対する財産分与が認められない

⇩（共有不動産の場合）　　　　⇩（共有不動産でない場合）

他の共有者に帰属（民法 255 条）	国庫へ引継ぎ（民法 959 条）

③　相続財産法人への氏名変更登記

　相続人が不存在の場合には、**相続財産法人**が成立することになります（民法951条）。被相続人の相続財産のうち不動産についても相続財産法人に属することになりますが、当該不動産については所有権移転登記ではなく、「**相続人不存在**」を原因とする**相続財産法人への登記名義人氏名変更登記**を行うことになります。なお、当該登記は、相続財産管理人が**単独で**申請します。

④　特別縁故者への所有権移転登記

　相続財産について特別縁故者への財産分与の審判が確定した場合には、「**民法第958条の3の審判**」を原因とする**特別縁故者への所有権移転登記**を行うことになります。原因日付は**審判確定日**となります。なお、当該登記は、特別縁故者が審判書を添付して**単独で**申請します。

【登記記録例2-6-8：相続人不存在／特別縁故者への分与】

権　利　部（甲区）　　　（所有権に関する事項）			
順位番号	登記の目的	受付年月日・受付番号	権利者その他の事項
1	所有権移転	平成○年3月20日 第○○○○号	原因　平成○年3月20日売買 所有者　東京都世田谷区経堂一丁目△番□号 　　　　東田　一郎
付記1号	1番登記名義人氏名変更	平成○年11月30日 第○○○○号	原因　平成○年1月30日相続人不存在 登記名義人　亡東田　一郎　相続財産
2	所有権移転	令和○年12月3日 第○○○○号	原因　令和○年10月3日民法第958条の3の審判 所有者　東京都品川区小山台一丁目△番□号 　　　　西田　花子

⑤　他の共有者への持分移転登記

　共有不動産について特別縁故者への財産分与がなされなかった場合、「**特別**

縁故者不存在確定」を原因とする**共有者への持分移転登記**を行うことになります。原因日付は、特別縁故者からの財産分与の申立がなかった場合には**財産分与の申立期間（相続人不存在の確定後3か月）満了の翌日**、財産分与の申立てがあったものの却下された場合には**却下の審判確定の翌日**となります。なお、当該登記は、共有持分を取得した共有者を登記権利者、相続財産管理人を登記義務者として共同で申請します。

（7）配偶者居住権

　配偶者居住権とは、被相続人の配偶者が相続開始時に**被相続人所有の建物に居住**していた場合、当該建物について配偶者に配偶者居住権を取得させる旨の**遺産分割協議、遺贈**等がなされることにより成立する用益的な権利です。これにより、配偶者居住権者は、最長で配偶者が終身の間、当該建物を**無償で使用収益**をすることができます（民法1028条）。

　配偶者居住権の登記は第三者対抗要件となります（民法1031条2項）。

　配偶者居住権の設定登記は、原則として配偶者居住権者を登記権利者、当該建物を相続等により承継した所有者を登記義務者として共同で申請します。当該登記申請の登録免許税は不動産の価額に1000分の2を乗じて算出した額を納付します（登免税法別表1・1（3の2））。

【登記記録例 2-6-9：配偶者居住権設定】

権　利　部（乙区）		（所有権以外の権利に関する事項）	
順位番号	登記の目的	受付年月日・受付番号	権利者その他の事項
1	配偶者居住権設定	令和○年12月3日第○○○○号	原因　令和○年10月28日遺産分割 存続期間　配偶者居住権者の死亡時まで 特約　第三者に居住建物の使用又は収益をさせることができる 配偶者居住権者　東京都世田谷区経堂一丁目△番□号 　　上田　一子

【記載例2-6-2：法定相続情報証明】

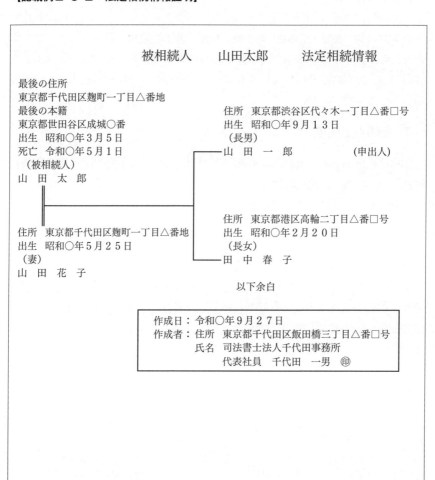

被相続人　　山田太郎　　法定相続情報

最後の住所
東京都千代田区麹町一丁目△番地
最後の本籍　　　　　　　　　　　　住所　東京都渋谷区代々木一丁目△番□号
東京都世田谷区成城○番　　　　　　出生　昭和○年9月13日
出生　昭和○年3月5日　　　　　　　（長男）
死亡　令和○年5月1日　　　　　山　田　一　郎　　　　　（申出人）
　（被相続人）
山　田　太　郎

　　　　　　　　　　　　　　　　　　住所　東京都港区高輪二丁目△番□号
住所　東京都千代田区麹町一丁目△番地　出生　昭和○年2月20日
出生　昭和○年5月25日　　　　　　　（長女）
　（妻）　　　　　　　　　　　　　田　中　春　子
山　田　花　子

　　　　　　　　　　　　　　　　　以下余白

作成日：令和○年9月27日
作成者：住所　東京都千代田区飯田橋三丁目△番□号
　　　　氏名　司法書士法人千代田事務所
　　　　　　　代表社員　千代田　一男　㊞

これは、令和○年10月7日に申出のあった当局保管に係る法定相続情報一覧図の写しである。

令和○年10月13日
東京法務局

　　　　　　　　　　　　　登記官　　　登記　一郎　　㊞

注）本書面は、提出された戸除籍謄本等の記載に基づくものである。相続放棄に関しては、本書面に記載されない。また、相続手続以外に利用することはできない。

整理番号○○○○○○　1/1

【記載例２-６-３：相続放棄申述受理証明書】

相続放棄申述受理証明書

事 件 番 号　　令和〇年（家）第〇〇〇〇〇号

申 述 人 氏 名　　田中　春子

被 相 続 人 氏 名　　山田　太郎
本　　　　　籍　　東京都世田谷区成城〇番
死 亡 年 月 日　　令和〇年５月１日

申述を受理した日　令和〇年６月１０日

上記のとおり証明する。

令和〇年６月１０日
東京家庭裁判所
　　裁判所書記官　　佐藤　三郎　　印

【記載例2-6-4：公正証書遺言】

令和○年　第○○○○号

遺　言　公　正　証　書

　　本職は、遺言者山田太郎の嘱託により、証人　田中一郎　及び同　千代田一男の立会のもとに、次の遺言の趣旨の口述を筆記して、この証書を作成する。

第1条　遺言者は、遺言者の有する次の財産を長男山田一郎（昭和○年9月13日生）に相続させる。
　　　　（1）土　地
　　　　　　　　所在／東京都千代田区麹町一丁目
　　　　　　　　地番／△△番△△
　　　　　　　　地目／宅地
　　　　　　　　地積／100．00平方メートル

　　　　（2）建　物
　　　　　　　　所在／東京都千代田区麹町一丁目
　　　　　　　　家屋番号／△△番△△
　　　　　　　　種類／居宅
　　　　　　　　構造／木造瓦葺2階建
　　　　　　　　床面積
　　　　　　　　1階／50．00平方メートル
　　　　　　　　2階／40．00平方メートル

（〜以下略〜）

本　旨　外　要　件

住　　所　東京都千代田区麹町一丁目△番地
職　　業　会社経営
　遺　言　者　　　山　田　太　郎
　　　　　　　昭和○年3月5日生

上記は、印鑑登録証明書の提出により人違いでないことを証明させた。

　住　　　所　東京都港区南青山二丁目△番□号
　職　　　業　公認会計士
　　　証　　　人　　　　田　中　一　郎
　　　　　　　　　　　昭和○年１０月１日生

　住　　　所　東京都千代田区飯田橋三丁目△番□号
　職　　　業　　　　司法書士
　　　証　　　人　　　　千代田　一　男
　　　　　　　　　　　昭和○年５月２５日生

　上記遺言者及び証人に読み聞かせたところ、各自筆記の正確なことを承認し、次に署名押印する。

　　　遺　言　者　　　　山　田　太　郎　　㊞

　　　証　　　人　　　　田　中　一　郎　　㊞

　　　証　　　人　　　　千代田　一　男　　㊞

　この証書は、令和○年６月１０日、本職役場において、民法第９６９条第１号ないし第４号の方式に従って作成し、同条第５号に基づき、本職次に署名捺印するものである。

　東京都新宿区西新宿一丁目△番□号
　東京法務局所属
　　　公　証　人　　　　法　務　　忠　　　印

【記載例2-6-5：自筆証書遺言】

遺　言　書

　　遺言者である山田太郎は、次のとおり遺言する。

第1条　遺言者は、遺言者の有する次の財産を、長男山田一郎（昭和
　　　　○年9月13日生）に相続させる。

　（1）土　地
　　　　所在／東京都千代田区麹町一丁目
　　　　地番／△△番△△
　　　　地目／宅地
　　　　地積／100．00平方メートル

　（2）建　物
　　　　所在／東京都千代田区麹町一丁目
　　　　家屋番号／△△番△△
　　　　種類／居宅
　　　　構造／木造瓦葺2階建
　　　　床面積
　　　　1階／50．00平方メートル
　　　　2階／40．00平方メートル

第2条　遺言者は、前条に記載する財産を除く、遺言者の有する一切
　　　　の財産を、長女山田花子（昭和○年10月10日生）に相続さ
　　　　せる。

　令和○○年11月30日

　　　　東京都千代田区麹町一丁目△△番地
　　　　遺　言　者　　　山　田　太　郎　㊞

【記載例２-６-６：遺産分割協議書】

遺産分割協議書

　令和〇年５月５日、山田太郎（住所：東京都千代田区麹町一丁目△番地）が死亡したため、山田太郎の共同相続人全員でその遺産について協議した結果、下記のとおり異議なく合意した。

記

１．以下に掲げる財産は、相続人　山田花子　が相続する。

　　（不動産）

　　　所　　在　　　千代田区麹町一丁目

　　　地　　番　　　〇〇番

　　　地　　目　　　宅地

　　　地　　積　　　２００．００㎡

２．以下に掲げる財産は、相続人　山田一郎　が相続する。

　　（預金）

　　　〇〇銀行　〇〇支店　普通口座　口座番号〇〇〇〇

３．以下に掲げる財産は、相続人　田中春子　が相続する。

　　（預金）

　　　△△銀行　△△支店　普通口座　口座番号△△△△

　以上、後日の証として本書３通を作成し、各自署名押印の上、各１通を保有する。

　令和〇年９月１日

　　　　　住　　所　　　東京都千代田区麹町一丁目△番地

　　　　　氏　　名　　　山　田　花　子　　㊞

　　　　　住　　所　　　東京都渋谷区代々木一丁目△番□号

　　　　　氏　　名　　　山　田　一　郎　　㊞

　　　　　住　　所　　　東京都港区高輪二丁目△番□号

　　　　　氏　　名　　　田　中　春　子　　㊞

│ NOTE ④ │ 相続登記未了問題

　相続があった場合、不動産の相続登記をしようにも手間や費用もかかるということで、放置しているという例が散見されます。これまでは相続登記をしなくとも罰則などの法的なペナルティはなく、相続税の申告のように期間の制限もありませんでした。

　一方、数代にわたって相続登記を放置すると、相続人がとんでもない人数に膨らんでしまうことも少なくありません。その中には音信不通や行方不明の人がいるかもしれません。そして、その不動産をいざ、処分しようとした場合、相続登記未了という問題は大きな障害になるわけです。

　相続登記未了に起因する所有者不明土地の合計面積は九州の面積に匹敵するという説もあります。また、放置された所有者不明建物は防犯や環境維持の観点でも社会問題化しています。

　政府としても、この問題を重く受け止め、「所有者不明土地の利用の円滑化等に関する特別措置法」（平成 30 年法律 49 号）が制定されました。また、長期相続登記等未了土地解消作業（法務局における相続登記未了土地の相続人探索や相続登記の促進事業）を実施しました。さらに、相続登記の義務化や遺産分割の期間の期限を含む「民法等の一部を改正する法律」（令和 3 年法律 24 号）と、「相続等により取得した土地所有権の国庫への帰属に関する法律」（令和 3 年法律 25 号）が制定されました。

　これらのあらたな制度を通じて、相続が発生したら相続登記を行うという根本的な意識が広まり、所有者不明土地（建物）の解消につながることを期待するとともに、登記の専門家である司法書士・土地家屋調査士も尽力すべきであると思います。

7　用益権に関する登記

（1）アウトライン

　用益権とは、物を使用収益する権利のことをいい、民法では、他人の土地を一定の目的で使用収益する権利として、地上権（民法265条〜）・永小作権（270条〜）・地役権（民法280条〜）・入会権（民法263条・294条）が規定されています。また、他人の物を使用収益する債権（契約）としての賃借権（民法601条〜）や、いわゆる相続法に規定される配偶者居住権（民法1028条〜）も用益権といえます。そのほか借地借家法で規定される借地権や採石法で規定される採石権なども用益権に該当します。

　用益権の共通の法的性質として、目的の不動産を直接的・排他的に支配することができるため、原則として同一の不動産を目的とした同一の用益権を二重に設定することはできません（一物一権主義）。

　登記できる用益権は、**地上権・永小作権・地役権・賃借権・採石権・配偶者居住権**（p.93）ですが、ここでは実務で登場することの多い、地上権・地役権・賃借権と借地権について言及することにします。

（2）地上権

①　意義等

　地上権とは、**工作物・竹木を所有**する目的で、他人の土地を使用収益することができる権利で（民法265条）、当事者の設定契約、取得時効、法律の規定により成立します。なお、法律の規定により成立するものとしては、**法定地上権**があります（民法388条）。

　地上権の目的が建物の所有である場合には**借地権**として借地借家法が適用されます。また、耕作を伴う果樹の所有である場合には、地上権ではなく、永小作権または賃借権の対象ということになります。

　地上権の設定等については、登記によって対抗要件を備えることになります（民法177条）。

②　種　類

地上権には、**普通地上権**と**区分地上権**があります。

区分地上権とは、鉄橋や地下鉄道敷設等の工作物所有のために、一定の空間または地下の範囲を定めて設定する地上権です（民法269条の2）。なお、原則として用益権の二重設定は許されませんが、区分地上権の場合、その効力が一定の範囲に限られることから、対象の土地に第三者の用益権が登記されていたとしても、当該用益権者等の承諾があれば設定することができます（民法269条の2第2項）。

③　登記事項

地上権には、**【図表2-7-1：地上権の登記事項】**のとおりの絶対的記載事項と任意的記載事項があります（不登法78条各号）。

【図表2-7-1：地上権の登記事項】

絶対的記載事項	設定の目的
	設定の範囲（区分地上権の場合のみ）
任意的記載事項	地代、支払時期
	存続期間
	土地所有者の使用制限の定め（区分地上権の場合のみ）

（a）設定の目的

実務上、単に「工作物所有」や「竹木所有」とするのではなく、「ガスタンク所有」や「杉所有」といったように具体的に定めるものとされています。なお、ゴルフ場やスキー場は工作物として普通地上権設定の目的になるとされています。また、トンネルや地下鉄道敷設も工作物として区分地上権設定の目的になるとされています。

（b）設定の範囲

普通地上権の場合、民法上は一筆の土地の一部を目的として設定できると解されていますが、登記実務では認められません。この場合には対象土地の分筆登記をしたうえで、地上権設定登記をすることとなります。また、共有持分を目的とした地上権の設定はできません。

区分地上権の場合、その対象となる範囲を客観的に明確になるように、平均海面または地表の特定の地点を含む水平面を基準として定めて登記をする必要があります。ただし、登記申請にはそれを表す図面を添付する必要はありません（不登令別表33参照）。

（c）地代・支払時期

当事者間で地代を定めたときには、地代とその支払時期を登記することになります。

（d）存続期間

借地借家法の適用を受けない地上権の場合、最長・最短ともに期間制限はありませんが、当事者間で存続期間を定めたときには、その期間を登記することになります。なお、「永久」と定め、その旨を登記することもできます。

③　設　定

地上権を設定しようとする場合、土地の所有者（地上権設定者）と地上権を取得する者（地上権者）とで設定契約を締結することになります。

地上権設定登記は、地上権者を登記権利者、地上権設定者を登記義務者として共同で申請します（不登法60条）。

地上権設定登記申請の登録免許税は、土地の価額に1000分の10を乗じて算出した額を納付します（登免税法別表1・1（3）イ）。

【登記記録例 2-7-2：普通地上権設定】

権　利　部（乙区）	（所有権以外の権利に関する事項）		
順位番号	登記の目的	受付年月日・受付番号	権利者その他の事項
1	地上権設定	令和○年4月25日 第○○○○号	原因　令和○年4月25日設定 目的　ゴルフ場所有 存続期間　60年 地代　1平方メートル1年7000円 支払時期　毎年10月30日 地上権者　東京都渋谷区初台二丁目△番□号 　　　　　株式会社ＸＹＺ物産

【登記記録例 2-7-3：区分地上権設定】

権　利　部（乙区）		（所有権以外の権利に関する事項）	
順位番号	登記の目的	受付年月日・受付番号	権利者その他の事項
1	地上権設定	令和○年 11 月 8 日 第○○○○号	原因　令和○年 11 月 8 日設定 目的　高架鉄道敷設 範囲　東京湾平均海面の上 100 メートルから上 30 メートルの間 地代　1 平方メートル 1 年 100 円 支払時期　毎年 3 月 31 日 　特約　土地の所有者は高架鉄道の運行の障害となる工作物を設置しない 地上権者　東京都渋谷区初台二丁目△番□号 　　　　　株式会社ＸＹＺ物産

（3）地役権

①　意義等

　地役権とは、設定契約で定めた目的にしたがい、他人の土地を自己の**土地の便益に供する権利**で（民法 280 条）、当事者間の設定契約のほか時効取得によっても成立します。ここでいう「便益に供する」とは、自己の土地の使用価値を増加させることであり、通行・用水使用・眺望・日照確保など便益の内容に制限はありません。

　便益を受ける土地を**要役地**といい、便益を供する土地を**承役地**といいます。地役権は、他の用益権と異なり、人のための権利ではなく土地のための権利であることから、要役地の所有権に従たるものとして、要役地所有権とともに移転し、または要役地に登記された他の権利の目的となります（民法 281 条 1 項）。これを地役権の随伴性といいます。また、地役権は土地（要役地）のための権利であることから、要役地から分離して譲渡や他の権利の目的とすることはできません（民法 281 条 2 項）。これを地役権の付従性といいます。

　地役権の設定等については、登記によって対抗要件を備えることになります（民法 177 条）。

② 登記事項

地役権には、【図表2-7-4：地役権の登記事項】のとおりの絶対的記載事項と任意的記載事項があります（不登法80条1項各号）。

【図表2-7-4：地役権の登記事項】

絶対的記載事項	設定の目的
	設定の範囲
	要役地の表示
任意的記載事項	地役権の随伴性を排斥する旨の定め（民法281条1項ただし書）
	水の用途や使用量についての定め（民法285条1項ただし書）
	承役地所有者の工作物設置修繕義務の定め（民法286条）

（a）設定の目的

設定する地役権によって、要役地が受ける便益の具体的な内容を定め、登記することになります。また、不作為を目的とした、たとえば「電線路の障害となる工作物を設置しない」といった内容を定め、その旨を登記することもできます。

（b）設定の範囲

承役地の全部を目的として地役権を設定する場合は、「全部」とし、承役地の一部に設定する場合は、「東側○○平方メートル」などとその位置と範囲を明確に定め、登記する必要があります。

（c）要役地の表示

要役地の所在・地番・地目・地積を登記することになります。したがって、登記申請情報の不動産の表示としては、承役地のほか要役地も記載することになります。

③ 設定

（a）当事者

地役権を設定しようとする場合、要役地の所有者（地役権者）と承役地の所有者（地役権設定者）とで設定契約を締結することになります。

地役権設定は、地役権者を登記権利者、地役権設定者を登記義務者として**承**

役地の管轄法務局へ共同で登記を申請します（不登法 60 条）。ただし、他の権利と異なり、登記権利者である地役権者の氏名等・住所は登記事項となりません（不登法 80 条 2 項）。なお、承役地についての登記をしたときには、要役地については登記官が職権で地役権である旨や承役地の不動産所在事項など一定の事項を登記するとされています（不登法 80 条 4 項、不登規 159 条）。

（b）設定の対象

　登記された地上権・永小作権・賃借権の登記権利者もそれらの用益権を取得した土地のために、またはその用益権を取得した土地のうえに、当該権利の存続期間の範囲内で地役権設定登記をすることができます。

　他の用益権と異なり、地役権には排他性がないため、併存できる場合には、同一の承役地を目的として、二重に地役権を設定し、登記することができます。また、承役地の一部を目的とする地役権の設定登記も可能とされていますが、要役地の一部のために地役権を設定し、登記することはできません。なお、承役地の一部に地役権を設定する場合は、その範囲を明確にした図面（地役権図面）を添付します（不登令別表 35）**【記載例 2-7-5：地役権図面】**（p.114）。

（c）登録免許税

　地役権設定登記申請の登録免許税は、承役地の不動産 1 個につき 1,500 円を納付します（登免税法別表 1・1（4））。

【登記記録例 2-7-6：地役権設定（承役地）】

権　利　部（乙区）		(所有権以外の権利に関する事項)	
順位番号	登記の目的	受付年月日・受付番号	権利者その他の事項
1	地役権設定	令和○年 12 月 1 日 第○○○○号	原因　令和○年 12 月 1 日設定 目的　通行 範囲　西側 100 平方メートル 特約　地役権は要役地と共に移転せず要役 　　　地の上の他の権利の目的とならない 要役地　世田谷区○○一丁目 123 番 2 　　　地役権図面第○○○号

【登記記録例 2-7-7：地役権設定（要役地）】

権　利　部（乙区）		(所有権以外の権利に関する事項)	
順位番号	登記の目的	受付年月日・受付番号	権利者その他の事項
1	要役地地役権	余　白 (注)	承役地　世田谷区○○一丁目 123 番　1 目的　通行 範囲　西側 100 平方メートル 令和○年 12 月 1 日登記

（注）承役地と同一管轄にある要役地の場合には、受付年月日と受付番号は登記されない。

（4）賃借権

①　意義等

　賃借権とは、当事者の一方がある物の使用収益を相手方にさせることを約し、相手方がこれに対して賃料を支払うことを約することによって、その効力が生じる契約です（民法 601 条）。

　賃借権は、物権ではなく債権であるため、当事者間の特約がない限り、賃借人に登記請求権はありません。そこで、土地の賃借権については土地上に賃借権者の名義で登記されている建物を所有するときには、第三者に対抗できるとされています（借地借家法 10 条 1 項）。また、建物の賃借権については、建物の引渡しがあったときには第三者に対抗できるとされています（借地借家法 31 条）。ただし、賃借権を登記したときには、当該不動産について物権を取得等した第三者に対抗することができるとされています（民法 605 条）。

　民法上の賃借権の存続期間は最長 50 年とされており、契約でこれより長い

期間を定めたときであっても、その期間は50年となり、また更新の場合も、更新の時から50年を超えることができません（民法604条）。

②　不動産賃貸人の地位の移転の特則

　対抗要件を備えた不動産賃借権の場合、賃貸不動産が譲渡されたときには、不動産の賃貸人の地位は、当然に譲受人に移転します（民法605条の2第1項）。これは、契約上の地位の移転に関する規定（民法539条の2）の特則とされ、賃貸不動産の譲渡人と譲受人間での地位の移転の合意も賃貸借契約の当事者である賃借人の承諾も不要です。ただし、当該不動産の譲渡人と譲受人との間で、賃貸人たる地位を譲渡人に留保する旨の合意をし、かつ、譲受人を賃貸人、譲渡人を賃借人とする賃貸借契約を締結したときには、譲渡人と従来の賃借人との間に転貸借関係が成立し、例外的に賃貸人の地位は譲受人に移転しないこととなります。この場合、譲渡人と譲受人またはその承継人との間の賃貸借契約が終了したときには、留保されていた賃貸人の地位は当然に譲受人に移転し、賃借人との間で賃貸借契約が成立するものとして（民法605条の2第2項）、賃借人の保護を図っています。

　賃貸人の地位が譲受人に移転したときには、当該不動産について所有権の移転登記をしなければ、その地位の移転を賃借人に対抗することはできません（民法605条の2第3項）。

　対抗要件を備えていない不動産賃借権の場合、当該賃貸不動産が譲渡されたときには、当然には譲受人に賃貸人の地位は承継されず、賃借人は譲受人に賃借権を主張することができません。賃貸人の地位を譲受人に移転し、かつ賃借人に対抗するには、賃借人の承諾は不要ですが、当該不動産の譲渡人と譲受人と合意をしたうえで、地位の移転を賃借人に対抗するには、対抗要件を備えた不動産賃貸借の場合と同様に当該不動産について所有権移転登記をする必要があります（民法605条の3）。

③　登記事項

　賃借権には、【図表2-7-8：賃借権の登記事項】のとおりの絶対的記載事項と任意的記載事項があります（不登法81条各号）。

【図表 2-7-8：賃借権の登記事項】

絶対的記載事項	賃料
任意的記載事項	支払時期
	存続期間
	賃借権の譲渡、転貸特約
	敷金
	賃貸人が財産の処分につき行為能力の制限を受けた者または財産の処分の権限を有しない者である旨

（a）賃　料

　賃料の定めは、賃貸借契約の効力要件であるため（民法601条）、必ず登記をしなければなりません。

　数筆の土地を賃借権の目的とする場合、合計額を賃料として登記するのではなく、各土地につき賃料を定めて登記することになります。

（b）支払時期

　当事者間で支払時期を定めたときには、その定めを登記することになります。なお、賃料の前払いも支払時期の定めとして登記することが認められています。

（c）存続期間

　当事者間で存続期間を定めたときには、その定めを登記することになります。

（d）賃借権の譲渡、転貸特約

　当事者間で賃借権の譲渡または賃借物の転貸を許す旨を定めたときには、その定めを登記することになります。なお、当該定めがない場合、賃借権は物権と異なり、賃借権者に賃借権・賃借物の処分は認められていないことから、賃借人が賃借権を譲渡または賃借物を転貸するには、賃貸人の承諾が必要となります（民法612条）。

（e）敷　金

　当事者間で敷金を定めたときには、その定めを登記することとなります。なお、敷金とは、いかなる名称であるかを問わず、賃料債務その他当該賃貸借契約に基づいて生じる賃借人の賃貸人に対する金銭債務を担保する目的で、賃借人が賃貸人に交付する金銭とされています（民法622条の2第1項）。

④　設　定

（a）当事者

　賃借権を設定しようとする場合、目的物である不動産の所有者である賃貸人と当該不動産を使用収益しようとする賃借人とで設定契約を締結することになります。

　賃借権設定は、賃借人を登記権利者、賃貸人を登記義務者として共同で登記を申請します（不登法60条）。

（b）登録免許税

　賃借権設定登記申請の登録免許税は、土地の価額に1000分の10を乗じて算出した額を納付します（登免税法別表1・1（3）イ）**【登記記録例 2-7-9：賃借権設定】**。

【登記記録例 2-7-9：賃借権設定】

権　利　部（乙区）	（所有権以外の権利に関する事項）		
順位番号	登記の目的	受付年月日・受付番号	権利者その他の事項
1	賃借権設定	令和○年6月15日 第○○○○号	原因　令和○年6月15日設定 賃料　1月金40万円 支払時期　毎月末日 存続期間　5年 敷金　金400万円 特約　譲渡、転貸ができる 賃借権者　東京都渋谷区初台二丁目△番□号 　　株式会社ＸＹＺ物産

（5）借地権

①　意義等

　借地借家法において、**地上権**または土地の**賃借権**のうち**建物所有を目的**とするものを特に「借地権」といい（借地借家法2条1号）、存続期間・効力等についての民法の特例を設けています（借地借家法1条）。ただし、不動産登記法上は、登記できる権利として「借地権」は存在しないため、借地権の内容に応じて「地上権設定」または「賃借権設定」の登記をすることになり、基本的には

それぞれの登記の規律にしたがうことになります。

②　種　類

借地権の種類は、**【図表 2-7-10：借地権の種類】**のとおりです。

【図表 2-7-10：借地権の種類】

		存続期間	目的	契約方法
普通借地権 （借地借家法 3 条）		30 年以上 更新可	建物所有	―
定期借地権	一般定期借地権 （借地借家法 22 条）	50 年以上	建物所有	特約につき公正証書等書面
	事業用定期借地権 （借地借家法 23 条）	1 項：30 年以上 50 年未満 2 項：10 年以上 30 年未満	事業用建物所有	公正証書
	建物譲渡特約付借地権 （借地借家法 24 条）	30 年以上	建物所有	―
一時使用目的借地権 （借地借家法 25 条）		―	臨時設備の設置等一時使用建物	―

③　登記事項

借地権の登記事項は、ⅰ）設定の目的、ⅱ）存続期間、ⅲ）特約（借地借家法 22 条／借地借家法 23 条 1 項）です（不登法 78 条 3 号・4 号、同法 81 条 6 号～8 号）。

（a）設定の目的

借地権は、借地借家法の適用があることを明らかにするため、**【図表 2-7-11：借地権の設定の目的】**のとおり「設定の目的」を登記しなければなりません。

【図表 2-7-11：借地権の設定の目的】

種類	目的
普通借地権	建物所有
一般定期借地権	建物所有
事業用定期借地権	借地借家法第 23 条第 1 項の建物所有
事業用定期借地権	借地借家法第 23 条第 2 項の建物所有
建物譲渡特約付借地権	建物所有
一時使用目的の借地権	臨時建物所有

（b）存続期間

　期間の定めのない一時使用目的の借地権を除き、**【図表 2-7-12：借地権の存続期間】**のとおり存続期間を登記しなければなりません。

【図表 2-7-12：借地権の存続期間】

種類	存続期間
普通借地権	30 年以上
一般定期借地権	50 年以上
事業用定期借地権（借地借家法 23 条 1 項）	30 年以上 50 年未満
事業用定期借地権（借地借家法 23 条 2 項）	10 年以上 30 年未満
建物譲渡特約付借地権	30 年以上

（c）特　約

　一般定期借地権（借地借家法 22 条）・事業用定期借地権（借地借家法 23 条 1 項）の設定契約をするには、併せて i ）契約更新、ii ）建物築造による期間延長、iii ）契約終了時における建物買取請求のいずれも認められない旨の特約をする必要があり、それぞれ「特約　借地借家法第 22 条の特約」・「特約　借地借家法第 23 条第 1 項の特約」と登記します。なお、借地借家法 23 条 2 項に規定される事業用定期借地権の場合にはこれらが法定されているため、これらの特約を登記することはありません。

③　設　定

　借地権を設定しようとする場合、建物所有のために借地権を取得する者（借地権者）と自己の土地に借地権を設定する者（借地権設定者）とで設定契約を

締結することになります。

　借地権（地上権または賃借権）設定については、借地権者を登記権利者、借地権設定者を登記義務者として共同で登記を申請します（不登法60条）。

　事業用定期借地権設定登記申請の場合、登記原因証明情報として設定契約を締結した**公正証書の謄本**を添付します（不登令別表33ロ・38ロ）【**登記記録例2-7-13：一般定期借地権（地上権）設定**】。

【登記記録例2-7-13：一般定期借地権（地上権）設定】

権　利　部（乙区）	（所有権以外の権利に関する事項）		
順位番号	登記の目的	受付年月日・受付番号	権利者その他の事項
1	地上権設定	令和○年9月4日 第○○○○号	原因　令和○年9月4日設定 目的　建物所有 存続期間　50年 地代　1平方メートル1年金1200円 支払時期　毎年4月1日 特約　借地借家法第22条の特約 地上権者　東京都渋谷区初台二丁目△番□号 　　　　　株式会社ＸＹＺ物産

【登記記録例2-7-14：事業用定期借地権（賃借権）設定】

権　利　部（乙区）	（所有権以外の権利に関する事項）		
順位番号	登記の目的	受付年月日・受付番号	権利者その他の事項
1	賃借権設定	令和○年11月1日 第○○○○号	原因　令和○年11月1日設定 目的　借地借家法第23条第1項の建物所有 賃料　1平方メートル1月金60円 支払時期　毎月末日 存続期間　45年 特約　譲渡、転貸ができる 借地借家法第23条第1項の特約 賃借権者　東京都渋谷区初台二丁目△番□号 　　　　　株式会社ＸＹＺ物産

【記載例2-7-5：地役権図面】

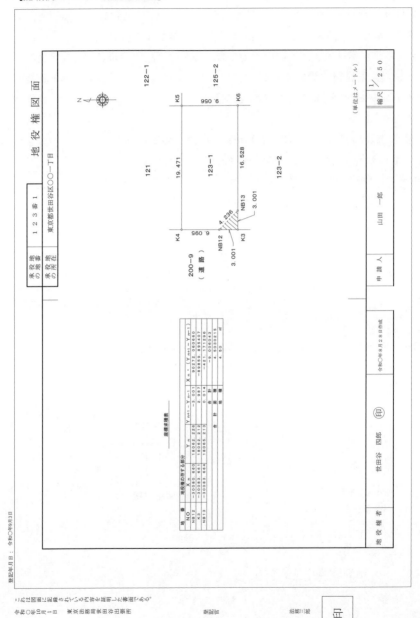

8　信託に関する登記

（1）アウトライン

①　意義等

　信託とは、ⅰ）**信託契約**を締結する方法、ⅱ）**信託遺言**をする方法、ⅲ）**自己信託証書**等を作成する方法のいずれかにより（信託法3条）、特定の者（受託者）が一定の目的にしたがい、財産の管理・処分とその他目的達成のために必要な行為（**信託行為**）を行うというものです（信託法2条1項）。

　登記・登録制度のある財産権については、登記・登録をしなければ、信託財産であることを第三者に対抗することができません（信託法14条）。したがって、信託財産が不動産である場合には不動産登記を行うことになります。

②　登記の種類

　不動産信託登記には、信託設定から終了に至る過程で、必要に応じて**【図表2-8-1：不動信託登記の種類】**のとおりの登記を行います。

【図表2-8-1：不動信託登記の種類】

ⅰ）財産権の保存・設定・移転・変更に関する信託設定
ⅱ）受託者の変更等
ⅲ）信託目録の記載事項の変更等
ⅳ）信託の併合・分割
ⅴ）信託の終了

③　登記事項

　不動産信託登記においては、権利に関する登記の通則的な登記事項（不動産登記法59条）のほか、固有のものは**【図表2-8-2：不動産信託の登記事項】**のとおりです（不登法97条1項各号）。

【図表 2-8-2：不動産信託の登記事項】

委託者・受託者・受益者の氏名（名称）・住所
受益者となる者の条件や受益者の指定方法があるときは、その旨
信託管理人が指定されたときは（信託法 123 条 1 項）、その氏名（名称）・住所
受益者代理人があるときは（信託法 138 条 1 項）、その氏名（名称）・住所
受益証券発行信託（信託法 185 条 3 項）であるときは、その旨
受益者の定めのない信託であるときは（信託法 258 条 1 項）、その旨
公益信託（公益信託ニ関スル法律 1 条）であるときは、その旨
信託の目的
信託財産の管理の方法
信託の終了事由（信託法 163 条・164 条）
上記以外で信託行為において定めた事項

④　信託目録

　信託目録とは、一般的に信託契約等の条項が長文になることもあり、それをそのまま登記記録としたのでは、登記の一覧性を損ねてしまうため、別途作成するとされているものです。

　信託目録は、登記官が作成すべきものとされていますが（不登規 176 条 1 項）、信託目録に記録すべき情報は、申請人が提供することになっています（不登令別表 65）**【記載例 2-8-3：信託目録】**（p.120）。

（2）信託による所有権移転

　不動産の所有権について信託を設定する場合の登記申請は、所有権移転の登記申請と同時に行わなければなりません（不登法 98 条 1 項）。

　信託設定の登記申請は受託者が単独で申請し（不登法 98 条 2 項）、同時にしなければならない所有権移転の登記申請については、権利に関する登記の通則どおり（不登法 60 条）、受託者を登記権利者、所有者である委託者を登記義務者として共同で申請することになります。

　信託財産が不動産の所有権である場合の信託設定登記申請の原則的な登録免許税は、不動産の価額に 1000 分の 4 を乗じて算出した額を納付します（登免税別表 1・1 (10) イ）。なお、所有権移転の登記申請の登録免許税は非課税です（登免税法 7 条 1 項 1 号）**【登記記録例 2-8-4：信託による所有権移転】**。

【登記記録例 2-8-4：信託による所有権移転】

【権 利 部　　（甲 区）】　　　　（所有権に関する事項）			
【順位番号】	【登記の目的】	【受付年月日・受付番号】	【権利者その他の事項】
1	所有権移転	令和○年 10 月 10 日 第○○○○号	原因　令和○年 10 月 10 日売買 所有者　千代田区大手町一丁目○番○号 　　　　佐藤花子 受託者　中央区銀座二丁目○番○号 　　　　帝国信託銀行株式会社
2	所有権移転	令和○年 3 月 22 日 第○○○○号	原因　令和○年 8 月 22 日信託 受託者　中央区銀座二丁目○番○号 　　　　帝国信託銀行株式会社
	信託		信託目録第○○○号

（3）担保権信託

　担保権信託（**セキュリティ・トラスト**）とは、委託者を担保提供者、受託者を担保権者、受益者を債権者として抵当権等の担保権を設定するものをいいます（信託法 3 条 1 号、2 号）。受託者は、信託事務として信託財産に属する当該担保権の実行の申立をし、売却代金の配当や弁済金の交付を受けることができます（信託法 55 条）。

　担保権信託については、たとえば複数の金融機関が協調融資を行う場合に、それらの債権者である金融機関とは別に担保権者（受託者）となる者を定めることで、本来、債権者ごとに必要である担保権を一本化でき、管理や処分を効率的に行うことが可能になります。また、仮に被担保債権が譲渡された場合であっても、担保権がこれに随伴して移転することがないため、担保権の移転コストの節減を図ることができます。

　担保権信託を設定する場合の登記申請は、担保権設定の登記申請と同時に行わなければならないのは、所有権移転による場合と同様です（不登法 98 条 1

項）。

　信託設定の登記申請は、受託者が単独で申請し（不登法98条2項）、同時に
しなければならない担保権設定の登記申請については、権利に関する登記の通
則（不動産登記法60条）どおり、受託者を登記権利者、担保提供者である委託
者を登記義務者として共同して申請することになります。

　担保権信託設定登記申請の登録免許税は、担保権設定分として債権（極度）
額に1000分の4を乗じて算出した額（登免税法別表1・1 (5)）と信託分として
債権（極度）額に1000分の2を乗じた額（登免税別表1・1 (10) ロ）の合計額
を納付します。**【登記記録例2-8-5：担保権信託】**。

【登記記録例2-8-5：担保権信託】

【権　利　部　　　（乙　区）】			（所有権以外の権利に関する事項）
【順位番号】	【登記の目的】	【受付年月日・受付番号】	【権利者その他の事項】
1	抵当権設定	令和○年10月10日 第○○○○号	原因　令和○年10月10日金銭消費貸 　　借同日信託 債権額　金5000万円 利息　年3% 損害金　年14% 債務者 千代田区大手町一丁目○番○号 　　佐藤花子 受託者　中央区銀座二丁目○番○号 　帝国信託銀行株式会社 　（本店 営業部）
	信託		信託目録第○○○号

（4）自己信託

　自己信託とは、委託者が**自らの固有財産**に信託を設定し、**自らが受託者**とな
る信託をいい、自己信託を設定するには、信託の目的や信託財産の特定のため
に必要な事項等を記載した**公正証書等の書面**によって行わなければなりません
（信託法3条3号）。

　不動産の所有権について自己信託を設定する場合の登記申請は、**所有権変更**
の登記申請と同時に行わなければなりません（不登法98条1項）。

　信託の登記申請は受託者が単独で申請し、同時にしなければならない所有権

変更の登記申請も共同申請の例外として**受託者が単独**で申請することになります（不登法 98 条 3 項）。

　信託財産が不動産の所有権である場合の自己信託設定の登録免許税は、所有権変更分として不動産 1 個につき 1000 円（登免税法別表 1・1（14））、信託分として不動産の価額に 1000 分の 4 を乗じて算出した額（登免税別表 1・1（10）イ）との合計額を納付します（登録免許税法 7 条 1 項 1 号）**【登記記録例 2-8-6：自己信託】**。

【登記記録例 2-8-6：自己信託】

【権利部　　（甲 区）】			（所有権に関する事項）
【順位番号】	【登記の目的】	【受付年月日・受付番号】	【権利者その他の事項】
1	所有権移転	令和○年 10 月 10 日 第○○○○号	原因　令和○年 10 月 10 日売買 所有者　中央区八重洲一丁目○番○号 　　　　加藤二郎
2	信託財産となった旨の登記	令和○年 3 月 22 日 第○○○○号	原因　令和○年 3 月 22 日自己信託 受託者　中央区八重洲一丁目○番○号 　　　　加藤二郎
	信託		信託目録第○○○号

【記載例 2-8-3：信託目録】

信　託　目　録		調製	
番　　号	受付年月日・受付番号	予　備	
第○○号	令和○○○年 10 月 10 日 第○号		
1　委託者に関する事項	東京都千代田区大手町一丁目○番○号 　佐藤花子		
2　受託者に関する事項	東京都中央区銀座二丁目○番○号 　帝国信託銀行株式会社		
3　受益者に関する事項等	東京都千代田区大手町一丁目○番○号 　佐藤花子		
4　信託条項	1．信託の目的 　　信託財産を管理・運用・処分する…… 　　（以下、略） 2．信託財産の管理・運用及び処分の方法 　　受託者は、信託された不動産及び信託財産の管理、運用及び処分等の信託に関する…… 　　（以下、略） 3．信託の終了事由 　　本信託は、次のいずれかに該当した場合に終了する。 　(1)　信託期間（令和○年 10 月 10 日から令和○年 3 月 31 日） 　　（以下、略） 4．その他の信託条項 　　受託者は、受益者の書面による承諾が…… 　　（以下、略）		

NOTE ⑤ │ 登記と脱ハンコ

　これまで長い間、登記と「ハンコ」は切っても切れない関係にありました。登記の専門家である司法書士は日々の業務でハンコを目（手）にしないことはないといっても過言ではありません。ちなみにハンコを押す「押印」とは、「印章」に朱肉を付け、紙に「印影」を残すという物理的で可視化されたもので、ある種の安心感があります。

　そのような中、最近「脱ハンコ」の動きが急速に高まっています。脱ハンコには2つの方向性があります。1つは押印すること自体を廃止するというものと、もう1つは押印に代わるものを採用するというものです。登記制度の場合、前者ではなく、後者の押印に代わる「電子署名」・「電子証明書」によることとなりそうです。

　現行の登記手続中、法令でも押印に代わるものとして電子署名・電子証明書が規定されています。ただ、今のところは、国民の意識やその使い勝手などから利用が進んでいるとはいえず、登記での利用も限定的な状況です。

　電子署名・電子証明書は、ハンコと違い、目に見えない（手に触れられない）存在であり、その技術革新が目覚ましいことから、理解や利用に至るまでの難しさはあると思います。とはいうものの、DX（デジタルトランスフォーメーション）化を掲げる国の方針を踏まえると、登記の世界も思いのほか早く「脱ハンコ」が進むかもしれません。

第3章

商業・法人登記

Registration of Commercial Legal Entity

1　商業・法人登記総論

（1）アウトライン

　商業登記とは、**会社**や**個人商人**の信用の維持、取引の安全と円滑のために、会社法・商法等で規定された事項を登記して公示するという制度です（商登法1条）。

　商業登記には、**公示機能**と**予防機能**があります。つまり、会社等に関する取引上重要な事項を登記簿に記録し公示することにより、取引を安全かつ円滑に進めることができるとともに（公示機能）、登記所において一定の審査がなされることから、手続が適法に行われなかった場合におこりうる混乱を未然に防止しているといえます（予防機能）。

　法人登記とは、会社以外の法人や組合等に関する登記のことをいい、おおむね商業登記と同様の目的と機能を有しています。

（2）商業登記の効力

　商業登記には、主に次のとおりの法的効力があります。

①　公示力

　公示力のうち**消極的公示力**とは、法律の規定により登記すべき事項については、登記の後でなければ善意の第三者に対抗することができないというものです（会社法908条1項前段）。たとえば、代表取締役は登記事項ですが、前任の代表取締役が退任して後任者が就任したにもかかわらずその登記がなされない場合には、その事実を知らない第三者に対して、会社は前任者が退任した事実を主張できないということになります。

　公示力のうち**積極的公示力**とは、登記すべき事項について、登記した後は、善意の第三者にも対抗することができるというものです（会社法908条1項前段）。ただし、正当な事由によってこれを知らなかった第三者には対抗できません（会社法908条1項後段）。たとえば、代表取締役の変更により後任者の就任の登記をした後は、第三者がこの事実を知らなかったとしても、会社はその

事実を主張できるということになります。ただし、大地震の発生等により第三者がその登記をしたことを知ることができないといった正当な事由がある場合には、会社は登記した後でも第三者に代表取締役の変更の事実を主張できないということになります。

②　公信力

公信力とは、故意または過失によって不実の登記をした者は、その登記が不実であることを善意の第三者に対抗することができないというものです（会社法908条2項）。これは、不実の登記を信頼した善意の第三者を保護するためのものです。たとえば、代表取締役でない者を代表取締役として誤って登記をした場合、この登記上の代表取締役と取引をした善意の第三者に対して、会社はこの者が代表取締役ではないと主張することはできません。

③　形成力

形成力とは、登記すること自体が法律関係の成立要件とされているというものです。たとえば、株式会社は設立の登記をすることによって成立するとされています（会社法49条）。他に形成力を有する登記としては新設分割（会社法814条1項）や特例有限会社から通常の株式会社への移行（会社整備法45条）があげられます。

④　対抗力

対抗力とは、登記をしなければ第三者に対抗できないというものです。たとえば、商号の譲渡は登記をしなければ第三者に対抗できないとされていますが（商法15条2項）、この場合には第三者が善意かどうかにかかわらず、登記をしなければ対抗できないということになります。

（3）商業・法人登記と法令等

商業登記は、**商法・会社法**といった実体法上の規定を前提に、手続法である**商業登記法**の規定によることになっています。さらに商業登記法の委任に基づき、省令である**商業登記規則**で細則が定められています。それらの法令を補完するかたちで**商業登記等事務取扱手続準則**等の登記先例によって具体的な運用

がなされています。

　一方、法人登記は、商業登記法のように全ての法人の登記手続を定めた統一的な法律は存在しません。各法人の設立根拠となっている実体法上の規定を前提に、たとえば、医療法人や社会福祉法人の登記手続については政令である**組合等登記令**で規定されています。ちなみに、一般社団法人や一般財団法人については省令である**一般社団法人等登記規則**で登記手続の細則が規定されています。なお、商業登記等事務取扱手続準則は法人登記でも数多く準用されています。

【図表 3-1-1：商業登記法の構成】

章	節	条
1．総則		1〜1の2
1の2．登記所及び登記官		1の3〜5
2．登記簿等		6〜13
3．登記手続	1．通則	14〜26
	2．商号の登記	27〜34
	3．未成年者及び後見人の登記	35〜42
	4．支配人の登記	43〜45
	5．株式会社の登記	46〜92
	6．合名会社の登記	93〜109
	7．合資会社の登記	110〜116
	8．合同会社の登記	117〜126
	9．外国会社の登記	127〜131
	10．登記の更正及び抹消	132〜138
4．雑則		139〜148
附則		

（4）商業登記制度の沿革

①　旧商法

　明治 23（1890）年に日本で初めて「商法」（旧商法／明治 23 年法律 32 号）が制定され、商業登記制度が創設されました。

　旧商法には登記手続に関する規律も定められていましたが、手続の細則については「商業及ヒ船舶ノ登記公告ニ関スル取扱規則」（明治 23 年司法省令 8 号）に規定されていました。

②　商　法

　明治 32（1899）年に現行の商法が制定され、登記手続に関する規律は非訟事件手続法（明治 31 年法律 14 号）で規定されることになりました。細則については、商業登記取扱手続（明治 32 年司法省令 13 号）に規定され、現在の商業登記制度の基礎が築かれたといえます。

　昭和 26（1951）年には、非訟事件手続法の改正と商業登記規則（旧商業登記規則／昭和 26 年法務府令 112 号）の制定がなされたことにより、商業登記取扱手続は廃止されるとともに、商業登記簿のバインダー化が行われました。

③　商業登記法

　昭和 38（1963）年に商業登記法（昭和 38 年法律 125 号）と新たな商業登記規則（昭和 39 年法務省令 23 号）が制定され、非訟事件手続法から商業登記に関する規定は削除され、旧商業登記規則は廃止されました。

④　コンピュータ化・オンライン化

　昭和 63（1988）年には、「不動産登記法及び商業登記法の一部を改正する法律」（昭和 63 年法律 81 号）により登記事務処理のコンピューター化が行われることになりました。その後の商業登記規則の改正（平成 16 年法務省令 22 号）により商業登記の**オンライン申請制度**が導入されました。

⑤　会社法

　平成 17（2005）年には、会社法（平成 17 年法 86 号）が制定され、平成 18

(2006) 年 5 月 1 日に施行されました。会社法の制定に併せて商業登記法や商業登記規則も大幅に改正がなされました。

（5）登記の申請

① 登記すべき事項

　登記すべき事項とは、法令により登記をしなければならないとされている事項のことをいいます。商業・法人登記においては、登記事項が新たに発生した場合や既存の登記事項が変更・消滅した場合に登記を申請する必要があります。

② 申請義務

　商業登記のうち、会社については**申請義務**が課されており（会社法 911 条〜915 条）、登記事項に変更等が生じたときには、原則として **2 週間以内**に登記を申請しなければなりません（会社法 915 条 1 項）。なお、当該登記期間を経過したからといって、登記申請が受理されないということはありませんが、登記をすることを怠ったことにより**過料**の対象となります（会社法 976 条 1 号）。

　会社は、登記すべき事項について、会社の本店所在地で登記しますが、支店の所在地でも会社の ⅰ）商号、ⅱ）本店の所在場所、ⅲ）支店の所在場所を登記することになっていたところ（会社法 930 条 2 項）、令和元年改正会社法（令和元年法律 70 号）により**支店所在地での登記は廃止**されることになりました。

③ 申請人

　商業・法人登記は、原則として当事者である会社等が申請人となって行います（商登法 14 条）。具体的には、会社等を代表する者が登記申請を行うことになります（商登法 17 条 2 項）。なお、登記の申請は司法書士等の代理人によって行うこともできます。

④ 添付書類

　登記申請書には、申請内容等を証するために法令で規定された書面を添付する必要があります。具体的にどのような書面を添付するかについては、それぞれの登記ごとに法令や登記先例によって定められています。

　登記申請のうち吸収分割登記など当事会社の登記事項証明書を添付しなけれ

ばならないとされている場合、登記申請書に当該会社の会社法人等番号を記載すれば添付を省略することができます（商登法19条の3）。

⑤　登録免許税

商業登記の申請をするには、登録免許税法の規定に基づき登録免許税を納付する必要があります。

法人登記の申請にも一般社団法人・一般財団法人等の一部の法人では登録免許税の納付が必要ですが、医療法人・NPO法人等のように登録免許税が非課税となっている法人も少なくありません。

⑥　印鑑の提出

登記の申請書等に押印をすべき会社等の代表者は、管轄法務局へ印鑑を提出しなければなりませんでしたが、令和3（2021）年2月15日以降は**印鑑の提出が任意化**されました。

印鑑提出制度は、登記の申請人の申請権限を確認するためのものですので、書面で登記申請する場合には、従来と同様に法務局へ印鑑を提出したうえで、当該印鑑の押印が必要です（商登規35条の2第1項）。なお、印鑑届書はオンラインで提出することも可能となりました（商登規101条1項2号・106条）。

一方、オンラインで登記申請する場合には、申請人である会社の代表者が申請書情報に電子署名を行い、その電子証明書を併せて送信することにより申請人の申請権限が確認されることになります（商登規102条）。

| NOTE ⑥ | 登記統計

　何年に、どのような登記が、何件申請されたかなどといった登記に関するデータを知りたいときには、いわゆる「登記統計」によって調べることができます。現在の登記統計は法務省が取りまとめ、直接的には登記の事務量と登録免許税等の国への歳入額を把握することを目的としている一方で、間接的には国の経済活動の実態の一端を示すものと評価することができます。たとえば、ある年のあらたに設立された株式会社の数は、該当年の登記統計における株式会社の設立登記申請件数を見ればわかります。

　登記統計の歴史は古く、登記法（明治19年法律1号）が明治20（1887）年に施行されたことに伴い、翌明治21（1888）年に「日本帝国司法省登記統計年報」として取りまとめられたのが始まりです。その後、何度かその名称は変更されましたが、資料が散逸してしまった第二次世界大戦中の昭和19（1944）年と昭和20（1945）年分を除き、脈々と毎年取りまとめられ公表されています。

　平成18（2006）年以降の登記統計については、法務省データベースで閲覧することができます。

http://www.moj.go.jp/housei/toukei/toukei_ichiran_touki.html

　明治期からの登記統計については、一部を除き、「国立国会図書館デジタルコレクション」からデジタルデータで情報の取得が可能です。その他のものについては、国立国会図書館・国立公文書館・法務省で閲覧・謄写することになります。

2　株式会社に関する登記

（1）アウトライン

　株式会社は、設立・合併等をしたときや登記事項に変更等が生じたときには、登記を行う必要があります。

【図表 3-2-1：株式会社の登記事項】

法 911 条 3 項	登記事項
1 号	目的
2 号	商号
3 号	本店の所在場所
3 号	支店の所在場所
4 号	存続期間・解散の事由の定めがあるときは、その定め
5 号	資本金の額
6 号	発行可能株式総数
7 号	発行する株式の内容（種類株式発行会社の場合には発行可能種類株式総数・発行する各種類の株式の内容）
8 号	単元株式数の定めがあるときは、その単元株式数
9 号	発行済株式の総数・種類・種類ごとの数
10 号	株券発行会社であるときは、その旨
11 号	株主名簿管理人を置いたときは、氏名（名称）・住所・営業所
12 号	新株予約権の内容等
12 号の 2	株主総会資料について電子提供措置をとる旨の定めがあるときは、その旨
13 号	取締役の氏名（監査等委員会設置会社の取締役以外）
14 号	代表取締役の氏名・住所（23 号に規定する場合を除く。）
15 号	取締役会設置会社であるときは、その旨
16 号	会計参与設置会社であるときは、その旨・会計参与の氏名（名称）・会社法 378 条 1 項に規定される場所
17 号	監査役設置会社であるときは、その旨・監査役の氏名・会計監査限定の定めがあるときは、その旨
18 号	監査役会設置会社であるときは、その旨・監査役のうち社外監査役であるものについては社外監査役である旨
19 号	会計監査人設置会社であるときは、その旨・会計監査人の氏名（名称）
20 号	一時会計監査人の職務を行うべき者を置いたときは、その氏名（名称）
21 号	特別取締役による議決の定めがあるときは、次に掲げる事項 イ）特別取締役による議決の定めがある旨 ロ）特別取締役の氏名 ハ）取締役のうち社外取締役であるものについて、社外取締役である旨

22号	監査等委員会設置会社であるときは、その旨・次に掲げる事項 イ）監査等委員である取締役・それ以外の取締役の氏名 ロ）取締役のうち社外取締役であるものについて、社外取締役である旨 ハ）会社法399条の13第6項の規定による重要な業務執行の決定を取締役に委任することについての定めがあるときは、その旨
23号	指名委員会等設置会社であるときは、その旨・次に掲げる事項 イ）取締役のうち社外取締役であるものについては社外取締役である旨 ロ）各委員会の委員・執行役の氏名 ハ）代表執行役の氏名・住所
24号	会社法426条1項の規定による取締役・会計参与・監査役・執行役・会計監査人の責任の免除についての定めがあるときは、その定め
25号	会社法427条1項の規定による非業務執行取締役等が負う責任の限度に関する契約の締結についての定めがあるときは、その定め
26号	会社法440条3項の規定による措置をとるときは、掲載するウェブサイトのアドレス
27〜29号	公告方法

（2）設　立

①　意義等

　株式会社の設立手続には、**発起設立**と**募集設立**の2つの方法があります（会社法25条1項）。発起設立とは、発起人が株式会社の設立時に発行する株式の全部を引き受けて設立する方法をいい、募集設立とは、発起人が設立時の発行株式を引き受けるほか、残りの設立時発行株式を引き受ける者を募集して設立する方法をいいます。いずれの方法でも発起人は1人以上いれば足り、自然人でも法人でも差し支えありません。

　実務上はほとんどが発起設立ですので、以下では発起設立を念頭に言及することとします。

②　手続の流れ

　株式会社の発起設立による設立手続の流れは、おおむね次のとおりです。

（a）定款の作成

　定款とは、会社の組織や運営に関する必須の根本的自治規範です。設立時の定款（**原始定款**）は発起人が作成し、署名または記名押印をしますが、書面ではなく電磁的記録により作成することもできます（会社法26条）。

【図表 3-2-2：株式会社の定款記載事項】

絶対的記載事項 （会社法 27 条・37 条） 　：定款に必ず記載しな 　　ければいけない事項	目的
	商号
	本店の所在地
	設立に際して出資される財産の価額（最低額）
	発起人の氏名（名称）・住所
	発行可能株式総数
相対的記載事項（主なもの） 　：定款に記載しないと 　　効力が生じない事項	株式の内容（種類株式）
	単元株式
	株主総会決議の定足数等
	取締役・監査役の任期
	累積投票制度の排除
	取締役会の招集通知の期間の短縮
	取締役会の定足数・決議要件の加重
	公告方法
任意的記載事項（主なもの） 　：絶対的記載事項と相 　　対的記載事項以外の 　　任意の事項	定時株主総会の招集時期
	基準日
	事業年度
	取締役・監査役の数

（b）定款の認証

　原始定款は、**公証人の認証**を受けることによって効力が生じることになります（会社法 30 条）。定款の認証は、会社の本店所在地を管轄する法務局に所属する公証人が行うことになります（公証人法 62 条の 2）。たとえば東京都港区に本店を置く株式会社を設立する場合には、東京都内のいずれかの公証人（公証役場）で定款の認証を受ける必要があります。

　定款の認証費用としては、約 5 万円の公証人の認証手数料のほか、書面による定款の場合には 4 万円の印紙税の納付が必要です（印紙税法別表 1・6）。なお、電磁的記録による定款（**電子定款**）の場合には印紙税は課されません。

（c）設立時発行株式に関する事項の決定

　発起人が割当てを受ける設立時発行株式の数、それと引換えに払い込む金銭の額、成立後の資本金と資本準備金の額については、定款に定めがなければ発起人全員の同意で定める必要があります（会社法32条1項）。

（d）出資の履行

　発起人は、設立時発行株式の引受け後遅滞なく、その引き受けた設立時発行株式について全額を払い込む必要があります（会社法34条1項）。具体的には、代表となる発起人名義の金融機関の口座に出資金を払い込むことになります。

（e）設立時取締役等の選任

　発起人は、出資の履行が完了した後遅滞なく、設立時取締役等の役員を選任しなければなりません（会社法38条1項）。なお、定款で設立時取締役等を定めた場合には、出資が完了したときに選任されたものとみなされます（会社法38条4項）。

（f）設立時役員による調査

　設立時取締役等の役員は、選任後遅滞なく、出資の履行が完了していることや、株式会社の設立手続が法令または定款に違反していないこと等を調査しなければなりません（会社法46条）。

（g）設立時代表取締役の選定

　設立時取締役は、設立しようとする株式会社が取締役会設置会社（指名委員会等設置会社を除きます。）である場合には、設立時取締役の中から設立時代表取締役を選定しなければなりません。設立時代表取締役の選定は、設立時取締役の過半数をもって決定します（会社法47条）。

（h）設立登記の申請

　株式会社は、その本店の所在地において設立の登記をすることによって成立します（会社法49条）。実際には、設立登記を申請してから完了まで数日かかりますが、会社の成立の日は、あくまで設立登記申請の日です。

③　登記申請手続

　設立登記は、設立時代表取締役が申請します（商登法47条1項）。

　設立登記の基本的な添付書類については、【**図表3-2-3：設立登記の主な添付書類**】のとおりです。

【図表 3-2-3：設立登記の主な添付書類】

添付書面	備考
定款（商登法 47 条 2 項 1 号）	公証人が認証したもの
払込みがあったことを証する書面（商登法 47 条 2 項 5 号）	預金口座の写しに設立時代表取締役が証明したもの等
設立時取締役等の就任承諾書（商登法 47 条 2 項 10 号）	非取締役会設置会社の設立時取締役、取締役会設置会社の設立時代表取締役は個人実印を押印したもの
発起人の同意があったことを証する書面（商登法 47 条 3 項）	定款で定めていない登記事項の決定があった場合
印鑑証明書（商登規 61 条 4 項・5 項）	非取締役会設置会社の場合は設立時取締役のもの、取締役会設置会社の場合は設立時代表取締役のもの
本人確認証明書（商登規 61 条 9 項）	設立時監査役や取締役会設置会社の設立時取締役の住民票の写しや運転免許証のコピー等
資本金の計上証明書（商登規 61 条 9 項）	出資が金銭のみの場合には添付不要
委任状（商登法 18 条）	代理人により申請する場合

　登録免許税については、資本金の額の 1000 分の 7 を乗じて算定した額（最低額は 15 万円）を納付します（登免税法別表 1・24（1）イ）。

（3）定款変更

　定款を変更するには、株主総会の特別決議が必要となります（会社法 466 条）。
　特別決議とは、株主総会で議決権を行使することができる株主の議決権の過半数を有する株主が出席し、出席した株主の議決権の 3 分の 2 以上に当たる多数をもって行う決議のことをいい、定足数については定款の定めにより 3 分の 1 まで軽減することもできます（会社法 309 条 2 項 11 号）。
　変更した定款の記載事項が登記事項に該当する場合には、その変更登記を申請しなければなりません。

①　商号の変更
（a）意義等
　商号とは、会社の名称のことをいいます（会社法 6 条 1 項）。株式会社は、そ

の商号中に「株式会社」という文字を用いなければなりません（会社法6条2項）。

　商号の登記においては、日本文字（漢字・平仮名・片仮名）のほかにローマ字・アラビア数字と字句を区切る場合には以下の符号を用いることができます（商登規50条）。

「&」（アンパサンド）

「'」（アポストロフィー）

「,」（コンマ）

「-」（ハイフン）

「.」（ピリオド）

「・」（中点）

（b）商号使用の制限

　会社法施行後においては、同一市町村内で同一営業のために他人が登記した商号と類似した商号の登記ができないという**類似商号登記規制**は廃止されました。ただし、他人が登記した商号と同一で、かつ、同一本店所在場所であるときには、その商号を登記することはできません（商登法27条）。これは、同一商号で同一本店所在場所を認めると、両社の区別ができなくなるという不都合が生じるからです。

　不正の目的をもって、他の会社であると誤認されるおそれのある商号を使用することもできません（会社法8条）。その他たとえば銀行以外の会社が「銀行」の文字を商号に使用することが禁止されているように（銀行法6条2項）、法令により使用が制限されている商号もあります。

（c）登記申請手続

　登記すべき事項については、変更後の新たな商号と変更の年月日です。

　添付書類については、定款変更決議をした株主総会議事録（商登法46条2項）、株主リスト（商登規61条3項）と、代理人による申請の場合には委任状（商登法18条）を添付します。

　登録免許税については、3万円を納付します（登免税法別表1・24（1）ツ）。

② 目的の変更
（a）意義等

目的とは、会社の営む事業のことをいいます。会社の目的の登記には、**明確性**、**適法性**、**営利性**が必要とされています。会社法施行前に必要とされていた目的の**具体性**については、現在、登記官の審査対象外とされ、たとえば単に「商業」といった包括的なものも登記することが許容されています。

目的の登記に使用できる文字は原則として日本文字ですが、「ＯＡ機器」、「Ｈ型鋼材」、「ＬＰガス」などローマ字を含む表記方法が社会的に認知されているものについてはローマ字を用いることができます。

（b）登記申請手続

登記すべき事項については、変更後の新たな目的と変更の年月日です。なお、目的の一部の追加や変更にとどまる場合でも、変更のない部分を含めた目的の全部が登記すべき事項の対象となります。

添付書類については、定款変更決議をした株主総会議事録（商登法46条2項）、株主リスト（商登規61条3項）と、代理人による申請の場合には委任状（商登法18条）を添付します。

登録免許税については、3万円を納付します（登免税法別表1・24（1）ツ）。

③ 公告方法の変更
（a）意義等

会社の公告は、ⅰ）**官報に掲載する方法**、ⅱ）**時事に関する事項を掲載する日刊新聞紙に掲載する方法**、ⅲ）**電子公告**のいずれかの方法で行います（会社法939条1項）。なお、電子公告とは、インターネット上のウェブページに掲載して公告を行う方法のことをいいます。

（b）登記申請手続

登記すべき事項については、変更後の新たな公告方法と変更の年月日です。電子公告を公告方法とする場合、ウェブページのＵＲＬの登記が必要となるとともに、事故その他やむを得ない事由によって電子公告による公告をすることができない場合の予備的な公告方法の定めがあるときには、それも登記することになります（会社法911条3項28号）。

添付書類については、定款変更決議をした株主総会議事録（商登法46条2

項）、株主リスト（商登規61条3項）と、代理人による申請の場合には委任状（商登法18条）を添付します。

　登録免許税については、3万円を納付します（登免税法別表1・24（1）ツ）。

④　本店移転
（a）意義等

　本店の所在地は、定款の絶対的記載事項ですが（会社法27条3号）、定款においては最小行政区画（たとえば「東京都千代田区」）までを定めるのが一般的です。一方、登記事項としては、**本店の所在場所**を登記しなければなりません（会社法911条3項3号）。本店の所在場所とは、たとえば「東京都千代田区九段南二丁目〇番〇号」といった具体的な住所のことをいいます。

　定款変更が必要な本店移転とは、たとえば定款で「東京都千代田区」まで定めた会社が「東京都港区」へ移転する場合をいい、「東京都千代田区」内で本店移転をした場合には定款変更は不要ということになります。

（b）本店移転登記のパターン

　本店移転登記には、ⅰ）同一市町村内での移転、ⅱ）同一管轄登記所内における他の市町村への移転、ⅲ）他の管轄登記所への移転の3つのパターンがあります。

　ⅲ）の他の登記所の管轄区域内への移転の場合には、旧本店所在地の管轄登記所に対して、新旧両方の本店所在地の管轄登記所宛ての登記申請を同時に行います。つまり、新本店所在地の管轄登記所への登記の申請は、旧所在地の管轄登記所を経由して行われることになります（商登法51条／**経由申請**）。

（c）登記申請手続

　同一管轄登記所内における移転の場合（同一市町村内での移転を含みます。）、の登記すべき事項については、移転後の本店所在場所と移転の年月日です。一方、他の管轄登記所への移転の場合の登記すべき事項については、旧本店所在地では移転後の本店所在場所と移転の年月日で、新本店所在地では移転前の本店所在場所から移転した旨と移転の年月日です。

　添付書類については、定款変更決議をした株主総会議事録（商登法46条2項）と株主リスト（商登規61条3項）を添付し、取締役会において具体的な本店所在場所や移転日を決議した場合には取締役会議事録（商登法46条2項）、

代理人による申請の場合には委任状（商登法18条）を添付します。

　同一管轄登記所内における移転の場合の登録免許税については3万円を納付し、他の管轄登記所への移転の場合には、旧本店所在地分として3万円、新本店所在地分として3万円の合計6万円を納付します（登免税法別表1・24(1) ヲ）。

（4）機関・役員等

①　機関の設置等

（a）意義等

　株式会社に必ず設置される機関は、**株主総会**と**取締役**です（会社法326条1項）。その他の機関については定款の定めにより設置することができます（会社法326条2項）。これらの機関を設置または廃止した場合には、その旨を登記しなければなりません。

（b）機関設計のルール

　機関設計は、公開会社または大会社に該当するか否かにより、採用できるパターンが決まります。

　公開会社とは、発行する全部または一部の株式の内容として譲渡による当該株式の取得について株式会社の承認を要する旨の定款の定めを設けていない株式会社のことをいい（会社法2条5号）、必ず取締役会を設置しなければなりません（会社法327条1項1号）。

　大会社とは、最終事業年度の貸借対照表に資本金として計上した額が5億円以上か、負債の部に計上した額の合計額が200億円以上の会社のことをいい（会社法2条6号）、必ず会計監査人を設置しなければなりません（会社法328条）。

【図表 3-2-8：機関設計のパターン】

機関設計パターン　　　　　会社区分	非公開会社 & 非大会社	公開会社 & 非大会社	非公開会社 & 大会社	公開会社 & 大会社
取締役	○	×	×	×
取締役＋監査役	○	×	×	×
取締役＋監査役＋会計監査人	○	×	○	×
取締役会＋会計参与（注）	○	×	×	×
取締役会＋監査役	○	○	×	×
取締役会＋監査役＋監査役会	○	○	×	×
取締役会＋監査役＋会計監査人	○	○	○	×
取締役会＋監査役＋監査役会＋会計監査人	○	○	○	○
取締役会＋監査等委員会＋会計監査人（監査等委員会設置会社）	○	○	○	○
取締役会＋三委員会＋執行役＋会計監査人（指名委員会等設置会社）	○	○	○	○

　○…設置できる　　×…設置できない
（注）このパターン以外について会計参与は任意設置可

（c）登記申請手続

　登記すべき事項については、次の機関の設置の定めを設定または廃止した旨とその年月日です。

・取締役会（会社法 911 条 3 項 15 号）
・会計参与（会社法 911 条 3 項 16 号）
・監査役（会社法 911 条 3 項 17 号）
・監査役会（会社法 911 条 3 項 18 号）
・会計監査人（会社法 911 条 3 項 19 号）
・監査等委員会（会社法 911 条 3 項 22 号）
・指名委員会等（会社法 911 条 3 項 23 号）

　添付書類については、定款変更決議をした株主総会議事録（商登法 46 条 2 項）と株主リスト（商登規 61 条 3 項）を添付し、代理人による申請の場合には委任状（商登法 18 条）を添付します。なお、機関の設置または廃止に伴い役員の就任・退任が必要な場合には役員変更登記に関する添付書類も別途必要になります（p.143）。

　取締役会設置会社・監査役会設置会社・監査等委員会設置会社・指名委員会等設置会社の定めの設定または廃止の登録免許税については、3 万円を納付します（登免税法別表 1・24 (1) ワ）。また、会計参与設置会社・監査役設置会社・会計監査人設置会社の定めの設定または廃止の登録免許税については、3 万円を納付します（登免税法別表 1・24 (1) ツ）。加えて、監査役の監査の範囲を会計に限定する旨の定めの設定または廃止の登録免許税については、3 万円（資本金の額が 1 億円以下の会社は 1 万円）を納付します（登免税法別表 1・24 (1) カ）。

②　役員等の変更
（a）意義等

　役員とは、**取締役・監査役・会計参与**のことをいい、役員と**会計監査人**は、株主総会の決議により選任されます（会社法 329 条 1 項）。被選任者が就任を承諾することで就任の効力が発生することになり、会社と役員等との関係は、委任に関する規定に従います（会社法 330 条）。

　役員等は、任期満了・辞任・解任・死亡・資格喪失等により退任することになります。なお、任期満了となる役員等が再任する場合のことを登記実務上**「重任（じゅうにん）」**といいます。

（b）取締役

　取締役会を設置しない会社（非取締役会設置会社）の取締役は、株式会社の業務を執行し、原則として会社を代表します（会社法348条1項・349条1項）。取締役の員数は最低1人で足りますが、取締役が複数いる場合には、ⅰ）定款の定め、ⅱ）株主総会の決議、ⅲ）定款の定めに基づく取締役の互選によって代表取締役を選定することになります（会社法349条3項）。

　取締役会設置会社の取締役は、3名以上の全取締役で取締役会を組織し、取締役会の決議により選定された代表取締役と業務執行取締役が業務を執行します（会社法362条・363条）。

　取締役の任期は、原則として選任後**2年**以内に終了する事業年度のうち最終のものに関する定時株主総会の終結の時までです（会社法332条1項）。ただし、公開会社でない会社（非公開会社）であれば、定款の定めによって「選任後2年以内」を「選任後**10年**以内」まで伸長することができます（会社法332条2項）。

（c）監査役

　監査役は、取締役の職務執行を監査し、監査報告を作成します（会社法381条1項）。なお、非公開会社（監査役会設置会社と会計監査人設置会社を除きます。）は、定款の定めにより監査役の監査の範囲を会計に関するものに限定することができます（会社法389条1項）。

　監査役の員数は1人以上で足りますが、監査役会設置会社の場合には3人以上が必要です（会社法335条3項）。

　監査役の任期は、原則として選任後**4年**以内に終了する事業年度のうち最終のものに関する定時株主総会の終結の時までです（会社法336条1項）。ただし、非公開会社であれば、定款の定めにより「選任後**10年**以内」まで伸長することができるのは取締役と同様です（会社法336条2項）。

（d）会計監査人

　会計監査人は、株式会社の計算書類等を監査し、会計監査報告を作成します（会社法396条1項）。会計監査人は、**公認会計士**か**監査法人**でなければなりません（会社法337条1項）。

　会計監査人の任期は、原則として選任後**1年**以内に終了する事業年度のうち最終のものに関する定時株主総会の終結の時までです（会社法338条1項）。

ただし、任期満了時の定時株主総会において**別段の決議がなされなかったとき**には、当該株主総会において**再任されたものとみなされます**（会社法338条2項）。

（e）登記申請手続

役員等が就任（重任）・退任したときには、その変更の登記をしなければなりません（会社法915条1項）。

登記すべき事項については、【図表3-2-9：役員等の変更の登記すべき事項】のとおりです。なお、役員等の就任登記申請をする際、戸籍上の氏名のほか婚姻前の氏もあわせて登記することを申し出ることができます（商登規88条の2）。

添付書類については、それぞれの状況に応じて、【図表3-2-10：役員等の変更登記申請の添付書類＜就任の場合＞】・【図表3-2-11：役員等の変更登記申請の添付書類＜退任の場合＞】のとおりの書面を添付します。

登録免許税については、3万円（資本金の額が1億円以下の会社は1万円）を納付します（登免税法別表1・24（1）カ）。

【図表3-2-9：役員等の変更の登記すべき事項】

取締役	・氏名 ・就任（重任）・退任（事由を含む）した旨とその年月日
代表取締役	・**氏名・住所** ・就任（重任）・退任（事由を含む）した旨とその年月日
監査役	・氏名 ・就任（重任）・退任（事由を含む）した旨とその年月日 ・監査役の監査の範囲を会計に関するものに限定する旨の定款の定めがある場合はその旨
会計参与	・氏名（名称） ・就任（重任）・退任（事由を含む）した旨とその年月日 ・書類等備置場所
会計監査人	・氏名（名称） ・就任（重任）・退任（事由を含む）した旨とその年月日

【図表 3-2-10：役員等の変更登記申請の添付書類＜就任の場合＞】

・役員等の選任をした株主総会議事録（商登法 46 条 2 項）
・代表取締役の選定を証する書面（商登法 46 条 1 項・2 項、商登規 61 条 1 項）
・株主リスト（商登規 61 条 3 項）
・就任承諾書（商登法 54 条 1 項・2 項 1 号）
・印鑑証明書（商登規 61 条 4 項・5 項・6 項）
・本人確認証明書（商登規 61 条 7 項）
・登記事項証明書等（商登法 54 条 2 項 2 号・3 項）
・資格証明書（商登法 54 条 2 項 3 号）
・委任状（商登法 18 条）

【図表 3-2-11：役員等の変更登記申請の添付書類＜退任の場合＞】

・退任を証する書面（商登法 54 条 4 項） 　ⅰ）任期満了：株主総会議事録（定款） 　ⅱ）辞任：辞任届 　ⅲ）解任：株主総会議事録 　ⅳ）死亡：戸籍謄抄本等
・委任状（商登法 18 条）

（5）募集株式の発行

①　意義等

　募集株式の発行とは、新たな株式の発行と自己株式の処分のことをいい、ともに資金調達を主目的として株式を引き受ける者を募集するものです。募集株式の発行には、株主に従来のシェアどおりに割当てる方法（**株主割当て**）と、それ以外の方法（**第三者割当て**）があります。

　募集株式の発行のことを**増資**ということもありますが、資本金の額を増加させる方法には、募集株式の発行のほかに資本準備金や剰余金の資本組入れもあります。

②　手続の流れ

　募集株式の発行の手続の基本的な流れは次のとおりです。

（a）募集事項の決定

募集株式の数・払込金額・払込期日・増加する資本金等の募集事項は、原則として株主総会の特別決議によって決定します（会社法 199 条 1 項・2 項）。ただし、公開会社の場合には、いわゆる有利発行の場合を除き、原則として取締役会の決議によって決定することができます（会社法 201 条 1 項・2 項、同法 202 条 3 項 3 号）

（b）株主に対する通知等

株主割当てをする場合には、株主に募集事項等の通知をしなければなりません（会社法 202 条 4 項）。また、公開会社が第三者割当てをする場合には、株主に募集事項を通知または公告をしなければなりません（会社法 201 条 3 項・4 項）。

（c）募集株式の申込み・割当て・引受け

募集株式の引受けを希望する者は会社に対して申込みをし（会社法 203 条 2 項）、株主割当ての場合を除き、会社は申込者の中から募集株式の割当てを受ける者と割当て株式数を決定します（会社法 204 条 1 項）。なお、この決定は、募集株式が譲渡制限株式の場合には、株主総会（取締役会設置会社の場合は取締役会）の決議によります（会社法 204 条 2 項）。会社は、払込期日等の前日までに申込者に対して割当て株式数を通知しなければなりません（会社法 204 条 3 項）。

募集株式を**総数引受契約**により引き受けようとする場合には、申込みと割当ては不要ですが、株主総会（取締役会設置会社の場合は取締役会）の決議によって当該契約の承認を受けなければなりません（会社法 205 条 2 項）。

（d）出資の履行

募集株式の引受人は、払込期日または払込期間内に、払込金額の全額を払い込まなければなりません（会社法 208 条 1 項）。

募集株式の引受人は、**出資の履行をした時**から株主となります（会社法 209 条 1 項）。

③　登記申請手続

登記すべき事項については、変更後の新たな発行済株式の総数、資本金の額とその年月日です。

　添付書類については、募集株式の発行の決議機関に応じた株主総会議事録や取締役会議事録等（商登法46条2項）、募集株式の引受けの申込みを証する書面または総数引受契約書（商登法56条1号）、払込みがあったことを証する書面（商登法56条2号）、資本金計上証明書（商登規61条9項）を添付します。必要に応じて、定款（商登規61条1項）や株主リスト（商登規61条3項）等を添付し、代理人による申請の場合には委任状（商登法18条）を添付します。

　登録免許税については、増加した資本金の額の1000分の7を乗じて算定した額（最低額は3万円）を納付します（登免税法別表1・24（1）ニ）。

（6）資本金の額の減少

①　意義等

　株式会社は、資本金の額を減少（**減資**）することができ、減少した資本金に対応してその他資本剰余金または資本準備金の額が増加することになります（会社法447条1項）。

②　手続の流れ

資本金の額の減少の手続の基本的な流れは次のとおりです。

（a）決　議

　資本金の額の減少をするには、原則として**株主総会の特別決議**によって、減少する資本金の額と効力発生日等を定めます（会社法447条1項）。ただし、欠損填補を目的に定時株主総会で決議をする場合には普通決議で足ります（会社法309条2項9号）。また、減資と募集株式発行を同時に行い、減資前の資本金の額を下回らない場合には、取締役の決定（取締役会設置会社では取締役会の決議）によって行うことができます（会社法447条3項）。

（b）債権者保護手続

　減資に関する債権者保護手続として、資本金等の額の減少の内容等を**1か月以上**の期間を定めて**官報で公告**し、かつ、会社が認識している債権者には**各別に催告**しなければなりません（会社法449条2項）。なお、時事に関する日刊新聞紙または電子公告を公告方法としている会社が、官報とともに重ねて当該方法で公告したときには、各別の催告を省略することができます（会社法449条3項）。

（c）効力発生

決議と債権者保護手続が終了すると、決議で定めた効力発生日に減資の効力が生じることになります（会社法449条6項）。

③ 登記申請手続

登記すべき事項については、減少後の資本金の額とその年月日です。

添付書類については、株主総会議事録（商登法46条2項）、株主リスト（商登規61条3項）、債権者保護手続に関する公告・催告をしたことを証する書面（商登法70条）と、代理人による申請の場合には委任状（商登法18条）を添付します。

登録免許税については、3万円を納付します（登免税法別表1・24（1）ツ）。

（7）組織再編

① 意義等

組織再編とは、一般的に会社法の第5編で規律されている組織変更（p.162）・**合併・会社分割・株式交換・株式移転・株式交付**のことをいいますが、会社の基礎の変更という観点から**事業の譲渡**等を含めていう場合もあります。

② 組織再編の分類

（a）行　為

合併により消滅する会社の権利義務の全部を、存続会社に承継させるものを**吸収合併**、新たに設立する会社に承継させるものを**新設合併**といいます（会社法2条27号・28号）。

ある会社がその事業に関して有する権利義務の全部または一部を、他の会社に承継させることを**吸収分割**、新たに設立する会社に承継させることを**新設分割**といいます（会社法2条29号・30号）。

株式会社がその発行済株式の全部を、他の会社に取得させることを**株式交換**といい、新たに設立する株式会社に取得させることを**株式移転**といいます（会社法2条31号・32号）。

株式会社が他の株式会社を子会社にするために、当該他の株式会社の株式を譲り受けてその対価として自社の株式を交付することを**株式交付**といいます

（会社法 2 条 32 号の 2）。

　　（ｂ）形　態

　一方の会社が他方の会社に権利義務または株式等を承継させる**吸収型組織再編**（吸収合併・吸収分割・株式交換）と、新たに設立する会社に権利義務または株式等を承継させる**新設型組織再編**（新設合併・新設分割・株式移転）とに分類することができます。

　吸収型組織再編は契約で定めた効力発生日にその効力を生じますが（会社法 750 条 1 項・759 条 1 項・769 条 1 項）、新設型組織再編は設立登記申請の日に効力が生じることになります（会社法 814 条 1 項・49 条）。なお、株式交付は、株式交付計画で定めた効力発生日に効力が生じます（会社法 774 条の 11）。

③　吸収合併の手続の流れ

　組織再編行為のうち典型的なものであって、実務でも頻出する吸収合併の基本的な手続の流れは、**【図表 3-2-12：吸収合併の手続の流れ】**のとおりです。

【図表 3-2-12：吸収合併の手続の流れ】

```
┌─────────────────────────────────────┐
│     合併契約書の作成（会社法 749 条）          │
└─────────────────────────────────────┘
                   ⇩
┌─────────────────────────────────────┐
│  合併契約等に関する事前開示（会社法 782 条・794 条）  │
└─────────────────────────────────────┘
                   ⇩
┌─────────────────────────────────────┐
│ 株主総会の特別決議による合併の承認（会社法 783 条・795 条）│
└─────────────────────────────────────┘
                   ⇩
┌─────────────────────────────────────┐
│ 債権者保護手続（1 か月以上の期間／会社法 789 条・799 条）│
└─────────────────────────────────────┘
                   ⇩
┌─────────────────────────────────────┐
│       効力発生日（会社法 750 条）            │
└─────────────────────────────────────┘
                   ⇩
┌─────────────────────────────────────┐
│     変更・解散登記（会社法 921 条）           │
└─────────────────────────────────────┘
                   ⇩
┌─────────────────────────────────────┐
│       事後開示（会社法 801 条）            │
└─────────────────────────────────────┘
```

④　吸収合併の登記申請手続

　吸収合併の登記は、存続会社の合併による変更の登記と消滅会社の合併による解散の登記を同時に、存続会社の代表者が申請します（商登法82条1項・3項）。

　存続会社の合併による変更の登記の登記すべき事項については、合併をした旨と吸収合併により消滅する会社の商号・本店・合併の年月日です（商登法79条）。なお、合併により発行済株式総数や資本金の額等に変更があればそれらも登記することになります。また、消滅会社の合併による解散の登記における登記すべき事項については、合併により解散した旨と存続会社の商号・本店・合併の年月日です（商登法71条1項）。

　存続会社の変更登記の主な添付書類については、吸収合併契約書（商登法80条1号）、合併契約の承認に関する株主総会議事録等（商登法46条2項・80条6号）、株主リスト（商登規61条3項）、債権者保護手続に関する公告・催告をしたことを証する書面（商登法80条3号）と、代理人による申請の場合には委任状（商登法18条）を添付します。なお、消滅会社の解散の登記申請には添付書類は不要です（商登法82条4項）。

　存続会社の合併による変更登記申請の登録免許税については、増加した資本金の額の1000分の1.5（消滅会社の合併直前における資本金の額を超過する部分については1000分の7）を乗じて算定した額（最低額は3万円）を納付します（登免税法別表1・24（1）ヘ）。また、消滅会社の合併による解散登記申請の登録免許税については、3万円を納付します（登免税法別表1・24（1）レ）。

（8）解散・清算

①　意義等

　株式会社は、株主総会の決議のほか、定款で定めた存続期間の満了や解散事由の発生等により解散します（会社法471条）。解散すると会社を清算することになります（会社法475条）。

　清算株式会社には**株主総会**と**清算人**を必ず置かなければならず（会社法477条1項）、清算人が清算株式会社の業務を執行します（会社法482条1項）。清算人は、定款に定められた者か株主総会の決議で選任された者が就任することになりますが、これらの者がいないときには清算開始時の取締役が清算人とな

り、それでも清算人になる者がいない場合には裁判所が選任することになります（会社法478条1項・2項）。

②　手続の流れ

株式会社の解散・清算の基本的な手続の流れは、**【図表 3-2-13：解散・清算手続の流れ】**のとおりです。

【図表 3-2-13：解散・清算手続の流れ】

株主総会の決議等により解散（会社法 471 条）
⇩
解散・清算人選任登記（会社法 926 条・928 条）
⇩
財産目録等の作成（会社法 492 条）
⇩
債権者へ公告・催告（会社法 499 条／2 か月以上の期間）
⇩
株主総会の決議により財産目録等承認（会社法 492 条）
⇩
債権者への弁済（会社法 500 条）
⇩
残余財産の分配（会社法 504 条）
⇩
株主総会における決算報告書の承認（会社法 507 条）
⇩
清算結了登記（会社法 929 条）
⇩
帳簿資料の保存（会社法 508 条／清算結了登記から 10 年間）

③　解散等の登記申請手続

株式会社が解散したときには、解散の登記をしなければなりません（会社法926条）。また清算人についても登記をしなければなりませんが（会社法928

条）、解散の登記と最初の清算人の登記は、一括して申請するのが一般的です。

　登記すべき事項については、解散の旨と解散事由・その年月日です（商登法71条1項）。あわせて、清算人の氏名と代表清算人の氏名・住所を登記することになります（会社法928条1項）。

　株主総会決議により解散して清算人を選任した場合の登記申請の主な添付書類については、株主総会議事録（商登法46条2項）、株主リスト（商登規61条3項）、定款（商登法73条1項）、清算人の就任承諾書（商登法73条2項）と、代理人による申請の場合には委任状（商登法18条）を添付します。

　登録免許税については、解散登記分3万円、最初の清算人登記分9,000円を納付します（登免税法別表1・24（1）レ・（4）イ）。

④　清算結了の登記申請手続

　清算株式会社は株主総会で決算報告書の承認がなされたときには、清算結了の登記をしなければなりません（会社法929条）。清算結了の登記がなされると、登記記録は閉鎖されることになります（商登規80条1項5号・同条2項）。

　登記すべき事項については、清算結了の旨とその年月日です。

　添付書類については、株主総会議事録・決算報告書（商登法75条）、株主リスト（商登規61条3項）と、代理人による申請の場合には委任状（商登法18条）を添付します。

　登録免許税については、2,000円を納付します（登免税法別表1・24（4）ハ）。

【記載例 3-2-4：登記申請書（株式会社の設立）】

株式会社設立登記申請書

　　　フリガナ　　　　　エービーシーショウカイ
1．商　号　　　　　　株式会社ＡＢＣ商会
1．本　店　　　　　　東京都千代田区九段南一丁目○番○号
1．登記の事由　　　　令和○年４月１日発起設立の手続終了
1．登記すべき事項　　別紙のとおり
1．課税標準金額　　　金２，０００万円
1．登録免許税　　　　金１５０，０００円
　1．添付書類
　　　　定款　　　　　　　　　　　　　　　　　　　　　1通
　　　　発起人の同意書　　　　　　　　　　　　　　　　1通
　　　　設立時代表取締役を選定したことを証する書面　　1通
　　　　就任承諾書　　　　　　　　　　　　　　　　　　4通
　　　　印鑑証明書　　　　　　　　　　　　　　　　　　1通
　　　　本人確認証明書　　　　　　　　　　　　　　　　3通
　　　　委任状　　　　　　　　　　　　　　　　　　　　1通

上記のとおり、登記の申請をします。

　　　令和○年４月１日

　　　　　　東京都千代田区九段南一丁目○番○号
　　　　　　申請人　株式会社ＡＢＣ商会

　　　　　　東京都世田谷区若林四丁目○番○号
　　　　　　代表取締役　齋藤　一郎

　　　　　　東京都新宿区四谷本塩町○番○号
　　　　　　司法書士　法務　大輔　　　　　㊞
　　　　　　電話番号　０３−００００−００００

　　東京法務局　御中

【別紙】

「商号」株式会社ＡＢＣ商会
　　　　　　　　　　〜　略　〜
「登記記録に関する事項」設立

【記載例 3-2-5：登記事項証明書（株式会社）】

履 歴 事 項 全 部 証 明 書

東京都港区東麻布二丁目○番○号
株式会社ＡＢＣ商会

会社法人等番号	○○○○－０１－○○○○○○	
商　　　号	株式会社ＡＢＣ商会	
本　　　店	東京都港区東麻布二丁目○番○号	
公告をする方法	<u>官報に掲載してする</u>	
	電子公告とする http://www.abc.co.jp/koukoku/index.html ただし、事故その他やむを得ない事由によって電子公告による公告をすることができない場合は、日本○○新聞に掲載する方法により行う	令和○年6月29日変更 令和○年6月30日登記
会社成立の年月日	令和○年　4月　1日	
目　　　的	１．不動産の売買、賃貸、仲介及び管理に関する業務 ２．不動産に関するコンサルティング業務 ３．前各号に附帯する一切の業務	
発行可能株式総数	1万株	
発行済株式の総数 並びに種類及び数	発行済株式の総数 ２０００株	
資本金の額	金２０００万円	
株式の譲渡制限に 関する規定	当会社の株式を譲渡するには、取締役会の承認を受けなければならない。	

整理番号　　　セ4○○○　　　＊ 下線のあるものは抹消事項であることを示す。　　　1／2

東京都港区東麻布二丁目○番○号
株式会社ＡＢＣ商会

役員に関する事項	取締役　　　齋　藤　一　郎	令和○年 6月29日重任
		令和○年 7月 3日登記
	取締役　　　齋　藤　一　郎	令和○年 6月28日重任
		令和○年 6月30日登記
	取締役　　　山　田　二　郎	令和○年 6月29日重任
		令和○年 7月 3日登記
		令和○年 6月28日解任
		令和○年 6月30日登記
	取締役　　　高　橋　三　郎	令和○年 6月29日重任
		令和○年 7月 3日登記
	取締役　　　高　橋　三　郎	令和○年 6月28日重任
		令和○年 6月30日登記
	取締役　　　村　田　四　郎	令和○年 6月28日就任
		令和○年 6月30日登記
	東京都世田谷区若林四丁目○番○号 代表取締役　齋　藤　一　郎	令和○年 6月29日重任
		令和○年 7月 3日登記
	東京都世田谷区若林四丁目○番○号 代表取締役　齋　藤　一　郎	令和○年 6月28日重任
		令和○年 6月30日登記
	監査役　　　山　本　花　子（佐藤 花子）	令和○年 6月29日重任
		令和○年 7月 3日登記
	監査役の監査の範囲を会計に関するものに限定 する旨の定款の定めがある	
支　店	1 川崎市川崎区宮前町○番○号	令和○年10月 1日設置
		令和○年10月 3日登記
非業務執行取締役等の会社に対する責任の制限に関する規定	当会社は、会社法第４２７条第１項の規定により、取締役（業務執行取締役等であるものを除く。）との間に、任務を怠ったことによる損害賠償責任を限定する契約を締結することができる。ただし、当該契約に基づく責任の限度額は、１０００万円以上であらかじめ定めた金額または法令が規定する額のいずれか高い額とする。 　　　　　　　　　　　令和○年６月２８日変更　令和○年６月３０日登記	
取締役会設置会社に関する事項	取締役会設置会社	
監査役設置会社に関する事項	監査役設置会社	
登記記録に関する事項	令和○年６月２８日東京都千代田区九段南一丁目○番○号から本店移転 　　　　　　　　　　　　　　　　　令和○年６月３０日登記	

　これは登記簿に記載されている閉鎖されていない事項の全部であることを証明
した書面である。
　　　　　　　令和○年　7月10日
　　　　　東京法務局　港出張所
　　　　　登記官　　　　　　　　　法　務　太　郎　印

【記載例 3-2-6：株主総会議事録】

臨時株主総会議事録

1．日　　　時：令和○年９月２５日（水曜日）　午前１０時００分
2．場　　　所：東京都港区東麻布二丁目△番□号　当会社本店会議室
3．出　席　者：議決権を行使することができる株主数　　　　　　　　　６名
　　　　　　　　この議決権の数　　　　　　　　　　　　　　　　２，０００個
　　　　　　　　本日出席株主数（委任状・議決権行使書提出者を含む。）　５名
　　　　　　　　この議決権の数　　　　　　　　　　　　　　　　１，９００個
4．議　　　長：代表取締役　齋藤一郎
5．出席役員：取締役（３名中３名出席）
　　　　　　　　齋藤一郎、高橋三郎、村田四郎
　　　　　　　　監査役（１名中１名出席）
　　　　　　　　山本花子
6．会議の目的事項ならびに議事の経過の要領および結果：
　　　議長は、午前１０時００分に開会を宣し、以上のとおり本日の出席株主数およ
　びこの有する議決権の数を報告し、本総会の全議案を審議できる法令ならびに定
　款上の定足数を充足している旨を述べた。

　　　<決議事項>
　　　第１号議案　　定款一部（商号）変更の件
　　　　議長は、当会社の商号を変更するため、令和○年１０月１日付で定款第１条を
　次のとおり変更したい旨説明し、その賛否を議場に諮ったところ、出席株主の議
　決権の３分の２以上の賛成を得たので、本議案は原案どおり承認可決した。

現行	変更案
第１条（商号） 当会社は、株式会社ＡＢＣ商会と称する。	第１条（商号） 当会社は、株式会社ＸＹＺ商事と称する。

　　議長は、これをもって本総会の目的事項のすべてを終了した旨を述べ、午前１１時
００分、閉会を宣した。

　　以上、議事の経過の要領およびその結果を明確にするため、本議事録を作成する。

　　株式会社ＡＢＣ商会　臨時株主総会

　　　令和○年９月２５日

　　　　　　　　議事録作成の職務を行った取締役　齋藤　一郎　㊞

【記載例3-2-7：株主リスト】

証　明　書

次の対象に関する商業登記規則61条2項又は3項の株主は次のとおりであることを証明する。

対象	株主総会等又は総株主の同意等の別	株主総会	←株主総会，種類株主総会，株主全員の同意，種類株主全員の同意のいずれかを記載してください。種類株主総会等の場合は，対象となる種類株式も記載してください。
	上記の年月日	令和〇年9月25日	←株主総会等の年月日を記載してください
	上記のうちの議案	全議案	←全議案又は対象となる議案を記載してください。総株主の同意を要する場合は，記載不要です。

	氏名又は名称	住所	株式数　（株）	議決権数	議決権数の割合
1	齋藤　一郎	東京都世田谷区若林四丁目〇番〇号	800	800	40.0%
2	有限会社サイトウ企画	東京都新宿区西新宿二丁目△番□号	400	400	20.0%
3	高橋　五郎	東京都墨田区菊川三丁目△番□号	300	300	15.0%
4					
5					
6					
7					
8					
9					
10					
		合計	1500		75.0%
		総議決権数	2000		

証明書作成年月日	令和〇年9月25日
商号	株式会社ABC商会
証明書作成者	代表取締役　齋藤　一郎

※　商業登記規則第61条第2項
　登記すべき事項につき次の各号に掲げる者全員の同意を要する場合には、申請書に、当該各号に定める事項を証する書面を添付しなければならない。
一　株主　株主全員の氏名又は名称及び住所並びに各株主が有する株式の数（種類株式発行会社にあつては、株式の種類及び種類ごとの数を含む。次項において同じ。）及び議決権の数
二　種類株主　当該種類株主全員の氏名又は名称及び住所並びに当該種類株主のそれぞれが有する当該種類の株式の数及び当該種類の株式に係る議決権の数

※　商業登記規則第61条第3項
　登記すべき事項につき株主総会又は種類株主総会の決議を要する場合には、申請書に、総株主（種類株主総会の決議を要する場合にあつては、その種類の株式の総株主）の議決権（当該決議（会社法第三百三十九条第一項（同法第三百二十五条において準用する場合を含む。）の規定により当該決議があつたものとみなされる場合を含む。）において行使することができるものに限る。以下この項において同じ。）の数に対するその有する議決権の数の割合が高いことにおいて上位となる株主であつて、次に掲げる人数のうちいずれか少ない人数の株主の氏名又は名称及び住所、当該株主のそれぞれが有する株式の数（種類株主総会の決議を要する場合にあつては、その種類の株式の数）及び議決権の数並びに当該株主のそれぞれが有する議決権に係る当該割合を証する書面を添付しなければならない。
一　十名
二　その有する議決権の数の割合を当該割合の多い順に順次加算し、その加算した割合が三分の二に達するまでの人数

NOTE ⑦ | みなし解散

　会社法では、最後の登記から 12 年を経過した株式会社のことを休眠会社といっています。休眠会社は、法務大臣の公告後 2 か月以内に「事業を廃止していない」旨の届出をするか役員変更等の登記申請をしないと解散したものとみなされます（会社法 472 条）。解散したものとみなされた場合には、登記官の職権により、いわゆる「みなし解散」の登記がなされます（商登法 72 条）。なお、一般社団法人と一般財団法人についても同様の規定があり、こちらは最後の登記から 5 年を経過しているものが対象です（法人法 149 条・203 条）。

　休眠会社等を放置すると、事業を廃止して実体のない会社等が登記上公示されたままとなり登記の信頼性が損なわれるとともに、休眠会社等が犯罪に利用されるおそれがある、という理由からこの制度が設けられています。

　休眠会社の対象が最後の登記から 12 年経過したものとなっているのは、役員の任期と関係があります。株式会社の場合は、取締役の任期は最長でも 10 年なので（会社法 332 条）、少なくとも 10 年に 1 回は取締役の変更登記がなされるはずだからです。したがって、その期間を超えて何らの登記もしていない株式会社は、事業を廃止している可能性が高いということで休眠会社として整理されることになっています。

　この休眠会社等の整理作業については、平成 26（2014）年度以降は毎年行われています。たとえ「事業を廃止していない」旨の届出をしても、役員の任期が切れたまま登記が放置されている状態には変わりないため、何らかの登記がされない限り、翌年も休眠会社等としてみなし解散の対象となります。なお、みなし解散の登記がされても、3 年以内であれば会社等の継続をすることが可能です（会社法 473 条、法人法 150 条・204 条）。

　役員の任期の定めのない特例有限会社や、合名会社・合資会社・合同会社といった持分会社は、みなし解散制度の対象外となっていますが、これらの会社をどう整理するのかは今後の課題の 1 つといえます。

3　特例有限会社に関する登記

（1）アウトライン

①　意義等

　会社法施行により有限会社制度は廃止され、それまでの有限会社は株式会社の特例として存続することになり、法律上当該会社を**特例有限会社**といいます（会社整備法2条〜）。

　特例有限会社は、そのまま存続することもできますが、株式会社に移行することや、持分会社に組織変更することもできます。

②　特　則

　特例有限会社には、通常の株式会社の特則として次のとおりの規定が設けられています。

ⅰ）商号中に「有限会社」という文字の使用が必須（会社整備法3条1項）
ⅱ）株式の譲渡制限の定めの定型化（会社整備法9条）
ⅲ）株主総会の特別決議の要件は、原則として総株主の半数以上であって、当該株主の議決権の4分の3以上の多数が必要（会社整備法14条3項）
ⅳ）監査役は定款の定めにより設置可、取締役会等の機関は設置不可（会社整備法17条）
ⅴ）役員の任期なし（会社整備法18条）
ⅵ）計算書類の公告不要（会社整備法28条）
ⅶ）取締役と監査役は氏名・住所、代表取締役は氏名が登記事項（会社整備法43条1項）

（2）特例有限会社から株式会社への移行

①　意義等

　特例有限会社が通常の株式会社に移行するには、商号に株式会社という文字を用いる商号変更を行うことになります。

登記については、特例有限会社の解散と、商号変更後の株式会社の設立を行い、この登記によって特例有限会社から株式会社への移行の効力が生じます（会社整備法45条・46条）。

②　登記申請手続

商号変更後の株式会社の設立登記の登記すべき事項については、通常の株式会社の設立の登記事項のほか、会社成立の年月日、特例有限会社の商号・商号を変更した旨とその年月日です（会社整備法136条19項）。また、特例有限会社の解散登記の登記すべき事項については、解散の旨・事由とその年月日です（商登法71条1項）。

商号変更後の株式会社の設立登記の主な添付書類については、株主総会議事録（商登法46条2項）、株主リスト（商登規61条3項）、定款（会社整備法136条20項）と、代理人による申請の場合には委任状（商登法18条）を添付します。なお、特例有限会社の解散登記申請には添付書類は不要です（会社整備法136条22項）。

商号変更後の株式会社の設立登記の登録免許税については、設立会社の資本金の額の1000分の1.5（特例有限会社の商号変更直前における資本金の額を超過する部分については1000分の7）を乗じて算定した額（最低額3万円）を納付します（登免税法別表1・24（1）ホ）。また、特例有限会社の解散登記申請の登録免許税については、3万円を納付します（登免税法別表1・24（1）レ）。

【記載例 3-3-1：登記事項証明書（特例有限会社）】

現 在 事 項 全 部 証 明 書

大阪市中央区谷町二丁目○番○号
有限会社ＡＢＣ運送

会社法人等番号	○○○○－０２－○○○○○○
商　　　　号	有限会社ＡＢＣ運送
本　　　店	大阪市中央区谷町二丁目○番○号
公告をする方法	官報に掲載してする。 　　　　　　　　　　　　　　平成１７年法律第８７号第 　　　　　　　　　　　　　　１３６条の規定により平成 　　　　　　　　　　　　　　１８年　５月　１日登記
会社成立の年月日	昭和○年　２月４日
目　　　的	１．一般貨物自動車運送業 ２．倉庫業 ３．前各号に附帯する一切の業務
発行可能株式総数	６０株 　　　　　　　　　　　　　　平成１７年法律第８７号第 　　　　　　　　　　　　　　１３６条の規定により平成 　　　　　　　　　　　　　　１８年　５月　１日登記
発行済株式の総数 並びに種類及び数	発行済株式の総数 　　６０株
資本金の額	金３００万円
株式の譲渡制限に 関する規定	当会社の株式を譲渡により取得することについて当会社の承認を要する。当 会社の株主が当会社の株式を譲渡により取得する場合においては当会社が承 認したものとみなす。 　　　　　　　　　　　　　　平成１７年法律第８７号第 　　　　　　　　　　　　　　１３６条の規定により平成 　　　　　　　　　　　　　　１８年　５月　１日登記
役員に関する事項	大阪市北区西天満一丁目○番○号 取締役　　　　上　田　　一　郎 大阪市天王寺区六万体町○番○号 取締役　　　　下　田　　次　郎 代表取締役　　上　田　　一　郎
支　　　店	1 神戸市中央区波止場町○番○号

　　　　　これは登記簿に記載されている現に効力を有する事項の全部であることを証明
　　　　　した書面である。

　　　　　　　　　　令和○年11月28日
　　　　　　　　大阪法務局
　　　　　　　　登記官　　　　　　　　　　法　務　一　郎　　印

整理番号　　　○○○○○　　　　*下線のあるものは抹消事項であることを示す。　　1／1

4　持分会社に関する登記

（1）アウトライン

①　意義等

持分会社とは、合名会社・合資会社・合同会社の総称で（会社法 575 条 1 項）、出資者でもある社員間の人的信頼関係に基礎を置く組合的規律を有した会社類型です。

　合同会社は会社法制定により新設された会社類型ですが、株式会社と同様に出資者が有限責任でありながら、簡易な手続で設立・運営ができることから近年、利用実績も高まっています。

②　社　員

　持分会社の社員には、社員が会社債権者に対して直接無限の責任を負う**無限責任社員**と、出資額の限度において責任を負う**有限責任社員**がいます。無限責任社員のみで構成されるのが**合名会社**、無限責任社員と有限責任社員の両方で構成されるのが**合資会社**、有限責任社員のみで構成されるのが**合同会社**です。そのため、合名会社と合同会社は社員 1 人のみで設立できますが、合資会社は社員が最低 2 人必要となります。

　株式会社の場合は、出資者である株主と業務執行を行う取締役が制度上分離されている（**所有と経営の分離**）のに対して、持分会社の場合、定款に別段の定めがない限り、社員は原則として業務執行権と代表権を有しますので（会社法 590 条・599 条）、所有と経営は分離されていないということになります。

　社員は自然人でも法人でも差し支えなく、法人が業務執行社員である場合には、業務執行社員の職務を行うべき自然人を選任しなければなりません（会社法 598 条 1 項）**【記載例 3-4-1：登記事項証明書（合名会社）】**（p.163）、**【記載例 3-4-2：登記事項証明書（合資会社）】**（p.164）、**【記載例 3-4-3：登記事項証明書（合同会社）】**（p.165）。

（2）合同会社の設立

　合同会社も株式会社と同様に、本店の所在地において設立の登記をすることによって成立します（会社法579条）。なお、その手続は株式会社（p.132）と比べて簡略化されており、次のような特徴があります。

①　定款の認証

　株式会社の原始定款は公証人の認証が必要ですが、合同会社の原始定款は認証が不要です。

②　出資の方法

　株式会社の場合、出資する金銭は所定の金融機関への払込みが必要ですが、合同会社の場合は、金融機関への払込みに限定されていないので代表社員に現金を支払うという方法でも差し支えありません。

③　登録免許税

　登録免許税の最低額は、株式会社が15万円であるのに対して、合同会社は6万円です（登免税法別表1・24（1）ハ）。

（3）種類変更・組織変更

①　種類変更

　持分会社は、定款を変更することにより、他の社員の加入や社員の責任の内容を変更して他の種類の持分会社となることを**種類変更**といいます（会社法638条）。たとえば、合名会社が合同会社に種類を変更した場合、定款変更の効力発生後2週間以内に、合同会社についての設立登記と合名会社についての解散登記を申請する必要があります（会社法919条）。

②　組織変更

　持分会社が株式会社に組織を変更し、また逆に株式会社が持分会社に組織を変更することを**組織変更**といいます（会社法2条26号・743条）。たとえば、合同会社が株式会社に組織を変更した場合、組織変更の効力発生後2週間以内

に、株式会社についての設立登記と合同会社についての解散登記を申請する必要があります（会社法920条）。

【記載例3-4-1：登記事項証明書（合名会社）】

現 在 事 項 全 部 証 明 書

福岡市中央区舞鶴三丁目○番○号
合名会社ABC酒造

会社法人等番号	○○○○－03－○○○○○○		
商 号	合名会社ABC酒造		
本 店	福岡市中央区舞鶴三丁目○番○号		
公告をする方法	官報に掲載してする。		
会社成立の年月日	昭和○年8月1日		
目 的	1．酒の製造及び販売 2．食料品の販売 3．前各号に附帯する一切の業務		
社員に関する事項	福岡市早良区祖原○番○号 社 員 　　　宮 崎 一 郎		
	福岡県久留米市城南町○番○号 社 員 　　　株 式 会 社 長 崎 商 事 福岡県八女市稲富○番○号 職務執行者 　　　長 崎 二 郎		
	福岡県柳川市一新町○番○号 社 員 　　　熊 本 三 郎	平成○年6月28日加入	
		平成○年6月29日登記	
支 店	1 鹿児島県鹿児島市鴨池新町○番○号	平成○年4月1日設置	
		平成○年4月3日登記	

　　　これは登記簿に記載されている現に効力を有する事項の全部であることを証明した書面である。

　　　　　　　令和○年7月10日
　　　　　福岡法務局
　　　　　登記官 　　　　　　　　法 務 二 郎 ㊞

整理番号 　　○○○○○ 　　*下線のあるものは抹消事項であることを示す。 　　1／1

【記載例 3-4-2：登記事項証明書（合資会社）】

現 在 事 項 全 部 証 明 書

広島市中区上八丁堀〇番〇号
ＡＢＣ建設合資会社

会社法人等番号	〇〇〇〇－０３－〇〇〇〇〇〇
商　　　号	ＡＢＣ建設合資会社
本　　　店	広島市中区上八丁堀〇番〇号
公告をする方法	官報に掲載してする。
会社成立の年月日	平成〇年９月１日
目　　　的	1．土木建設工事 2．建設資材の製造及び販売 3．前各号に附帯する一切の業務
社員に関する事項	広島市安佐北区可部南四丁目〇番〇号 無限責任社員　　岡　山　　一　郎
	広島県東広島市西条朝日町〇番〇号 有限責任社員　　山 口 商 事 株 式 会 社 金１００万円　　内金８０万円履行
	広島県廿日市市新宮一丁目〇番〇号　　　　平成〇年９月28日加入 有限責任社員　　島　根　　三　郎　　　------------------ 金５０万円　　　全部履行　　　　　　　平成〇年９月29日登記
	代表社員　　　　岡　山　　一　郎
支　　　店	1 東京都品川区東五反田〇丁目△番□号
存続期間	会社成立の日から満50年

　　　　これは登記簿に記載されている現に効力を有する事項の全部であることを証明
した書面である。

　　　　　　　令和〇年7月10日
　　　　広島法務局
　　　　登記官　　　　　　　　　　法 務 三 郎　[印]

整理番号　　　〇〇〇〇〇　　　*下線のあるものは抹消事項であることを示す。　　1／1

【記載例 3-4-3：登記事項証明書（合同会社）】

現 在 事 項 全 部 証 明 書

横浜市中区北仲通五丁目○番○号
合同会社ＡＢＣ電気

会社法人等番号	○○○○－０３－○○○○○○		
商　　　号	合同会社ＡＢＣ電気		
本　　　店	横浜市中区北仲通五丁目○番○号		
公告をする方法	官報に掲載する方法により行う。		
会社成立の年月日	令和○年２月１日		
目　　　的	１．電気工事業 ２．電気部品の販売及び修理 ３．前各号に附帯する一切の業務		
資本金の額	金５００万円	令和○年４月１日変更 令和○年４月２日登記	
社員に関する事項	業務執行社員　　川崎工業株式会社		
	業務執行社員　　藤　沢　二　郎	令和○年４月１日加入 令和○年４月２日登記	
	業務執行社員　　平　塚　三　郎	令和○年９月22日業務執行権付与 令和○年９月27日登記	
	横浜市神奈川区七島町○番地 代表社員　川崎工業株式会社 横浜市金沢区泥亀二丁目○番○号 職務執行者　　鎌　倉　四　郎		

　　　　これは登記簿に記載されている現に効力を有する事項の全部であることを証明した書面である。

　　　　　　令和○年7月10日
　　　　　　横浜地方法務局
　　　　　　登記官　　　　　　　　　　法 務 四 郎　印

整理番号　　　○○○○○　　　*下線のあるものは抹消事項であることを示す。　1／1

5　外国会社に関する登記

（1）アウトライン

　外国会社とは、外国の法令に準拠して設立された日本の会社と同種または類似する会社のことをいいます（会社法2条2号）。外国会社が日本において取引を継続してしようとするときには、日本における代表者を定めなければならず、そのうち少なくとも1人は日本に住所がなければなりません（会社法817条1項）。

　外国会社は、外国会社の登記をするまでは、日本において継続した取引をすることはできません（会社法818条1項）。

（2）日本における代表者選任の登記

　外国会社が初めて日本における代表者を定めた場合で、日本に営業所を設けていないときには日本における代表者の住所地において、日本に営業所を設けたときには当該営業所の所在地において、本国からの通知が日本における代表者に到達してから3週間以内に登記を申請しなければなりません（会社法933条1項）。

　外国会社の登記については、日本における同種または最も類似する会社の種類に従って、当該会社の登記すべき事項を登記するほか、外国会社の設立の準拠法、日本における代表者の氏名・住所等を登記することになります（会社法933条2項）。なお、外国会社が日本に営業所を設置した場合には、その営業所は支店とみなされます（会社法933条3項）**【記載例3-5-1：登記事項証明書（外国会社）】**（p.167）。

（3）すべての日本における代表者退任の登記

　日本に営業所を設置している外国会社が、日本における営業所を廃止するとともに日本における代表者全員が退任する場合には、債権者保護手続をしたうえで、退任の登記をすることで効力が生じ（会社法820条1項・3項）、当該外国会社の登記記録は閉鎖されることになります（商登規96条1項3号・同条2項）。

【記載例 3-5-1：登記事項証明書（外国会社）】

履 歴 事 項 全 部 証 明 書

アメリカ合衆国カリフォルニア州ロサンゼルス市ヴィンスキャリー通○番地
エービーシー・コーポレーション　　　　　管理番号　○○○○－０３－○○○○○○

会社法人等番号	○○○○－０３－○○○○○○
商　　　号	エービーシー・コーポレーション
本　　　店	アメリカ合衆国カリフォルニア州ロサンゼルス市ヴィンス キャリー通○番地
公告をする方法	官報に掲載してする （準拠法の規定による公告 ロサンゼルス市で発行される○○ポスト紙に掲載してする。）
会社設立の準拠法	アメリカ合衆国カリフォルニア州会社法
会社成立の年月日	１９○○年７月４日
目　　　的	１．電子部品の製造及び販売 ２．ソフトウエアの開発 ３．前各号に附帯する一切の業務
発行可能株式総数	５万株
発行済株式の総数 並びに種類及び数	発行済株式の総数 ３万株
資本金の額	３０万米ドル
役員に関する事項	取締役　ジョニー・エドワード
	取締役　ロバート・スミス
	取締役　アンリ・ワトソン
	アメリカ合衆国カリフォルニア州ロサンゼルス市ダウンタウン ○番地　　　　　代表取締役　　　　ジョニー・エドワード
	東京都新宿区四谷本塩町○番○号 日本における代表者　　　米野　国男
支　　　店	1 東京都渋谷区宇田川町○番○号
登記記録に関する 事項	令和○年７月１日営業所設置 　　　　　　　　　　　　　　　　　　　　令和○年８月１０日登記

　　　　これは登記簿に記載されている現に効力を有する事項の全部であることを証明
　　　した書面である。
　　　　　　　　令和○年10月10日
　　　　　　東京法務局　渋谷出張所
　　　　　　登記官　　　　　　　　　　　　法　務　五　郎　　印

整理番号　　　○○○○○　　　*下線のあるものは抹消事項であることを示す。　1／1

6　各種法人・組合に関する登記

（1）アウトライン

　会社以外の法人・組合のうち、登記を要する法人・組合を登記手続の根拠法令によって分類すると、【図表3-6-1：登記手続の根拠法令による区分】のとおりとなります。

【図表3-6-1：登記手続の根拠法令による区分】

設立根拠法に登記手続が規定されている法人	一般社団法人、一般財団法人、宗教法人、事業協同組合、有限責任事業組合（ＬＬＰ）など
組合等登記令に登記手続が規定されている法人	医療法人、社会福祉法人、学校法人、特定非営利活動（ＮＰＯ）法人など
法人独自の政令に登記手続が規定されている法人	弁護士会（弁護士会登記令）、労働組合（労働組合法施行令）、独立行政法人（独立行政法人等登記令）など

（2）一般社団法人

①　意義等

　一般社団法人の根拠法は、「一般社団法人及び一般財団法人に関する法律」です。事業については特に制限がなく、公益事業や共益事業のほか収益事業を目的とすることができます。

　社団法人は人の結合体に法人格を付与するものなので、設立時の社員は2名以上が必要ですが、行政庁の許認可や出資は不要です。

　必須の機関としては、社員総会と理事（1人）ですが、定款に定めることにより理事会（理事3人以上が必要）や監事を置くことができます（法人法60条）。

②　設立登記申請手続

　一般社団法人の設立手続は、出資の履行がないこと以外は株式会社の発起設立と類似しており、定款を作成し公証人の認証を受け、設立登記をすることで

成立します（法人法22条）。

　一般社団法人の設立登記申請の主な添付書類については、定款（法人法318条2項1号）、役員の選任に関する書面（法人法318条2項1号・2号、同条3項）・就任承諾書（法人法318条2項3号）・本人確認証明書（一般社団法人等登記規則3条、商登規61条7項）・印鑑証明書（一般社団法人等登記規則3条、商登規61条4項・同条5項）と、代理人による申請の場合には委任状（法人法330条、商登法18条）を添付します。

　一般社団法人の設立登記申請の登録免許税については、6万円を納付します（登免税法別表1・24（1）ロ）【記載例3-6-2：登記事項証明書（一般社団法人）】（p.172）。

（3）一般財団法人

①　意義等

　一般財団法人の根拠法は、一般社団法人と同じく「一般社団法人及び一般財団法人に関する法律」です。事業についての制限は一般社団法人と同様で特にありません。

　財団法人は財産に法人格を付与するものなので、設立にあたって300万円以上を拠出する設立者が1人以上必要ですが（法人法153条）、行政庁の許可は不要です。必須の機関としては、評議員会（評議員3人以上）、理事会（理事3人以上）、監事（1人以上）です（法人法170条）。したがって、役員等が最低7人は必要ということになります。

②　設立登記申請手続

　一般財団法人の設立手続については、株式会社の発起設立と類似しており、定款を作成して公証人の認証を受け、設立者が財産の拠出をして、設立登記をすることで成立します（法人法163条）。

　一般財団法人の設立登記申請の主な添付書類については、定款（法人法319条2項1号）、財産の拠出の履行があったことを証する書面（法人法319条2項2号）、役員の選任に関する書面（法人法319条2項3号・4号）・就任承諾書（法人法319条2項5号）・本人確認証明書（一般社団法人等登記規則3条、商登規61条7項）・印鑑証明書（一般社団法人等登記規則3条、商登規61条4項・5項）

と、代理人による申請の場合には委任状（法人法 330 条、商登法 18 条）を添付
します。

　一般財団法人の設立登記申請の登録免許税については、6 万円を納付します
（登免税法別表 1・24（1）ロ）**【記載例 3-6-3：登記事項証明書（一般財団法人）】**
（p.173）。

（4）医療法人

①　意義等

　医療法人の根拠法は医療法であり、登記手続については組合等登記令に規定
されています。

　医療法人は、病院や診療所等の開設を目的としており、設立には都道府県知
事の認可が必要です（医療法 44 条）。医療法人の形態には社団と財団とがあり
ますが、その大半は社団医療法人です。社団医療法人には、社員総会・理事・
理事会・監事を置く必要があります（医療法 46 条の 2）。医療法人を代表する
理事長は、原則として医師または歯科医師である理事でなければなりません
（医療法 46 条の 6）。役員については理事長の氏名・住所が登記事項となってい
ます。

②　設立登記申請手続

　社団医療法人は、社員が定款を作成したうえで、都道府県知事の認可を受け、
設立登記をすることにより成立します（医療法 46 条）。

　社団医療法人の設立登記申請の主な添付書類については、定款（組合等登記
令 16 条 2 項）、代表者の資格を証する書面（組合等登記令 16 条 2 項）、資産の総
額を証する書面（組合等登記令 16 条 3 項）、都道府県知事の設立認可書（組合等
登記令 25 条、商登法 19 条）と、代理人による申請の場合には委任状（組合等登
記令 25 条、商登法 18 条）を添付します。

　社団医療法人の設立登記申請の登録免許税については、非課税です**【記載例
3-6-4：登記事項証明書（社団医療法人）】**（p.175）。

（5）特定非営利活動法人（NPO）

①　意義等

　特定非営利活動法人（NPO法人）の根拠法は「特定非営利活動促進法」であり、登記手続については組合等登記令に定められています。

　NPO法人は、不特定多数の利益の増進に寄与する20種の活動を行うことを目的とし（NPO法2条）、設立には所轄庁（都道府県知事等）の認証が必要です（NPO法9条・10条）。

　NPO法人には、社員総会・理事（3人以上）・監事（1人以上）を置く必要があります（NPO法14条の2・15条）。役員については代表権のある理事の氏名・住所が登記事項となっています。

②　設立登記申請手続

　NPO法人は、定款の作成、役員の選任をしたうえで、所轄庁の認証を受け、設立登記をすることにより成立します（NPO法13条）。

　NPO法人の設立登記申請の主な添付書類については、定款（組合等登記令16条2項）、代表者の資格を証する書面（組合等登記令16条2項）、資産の総額を証する書面（組合等登記令16条3項）、都道府県知事等の認証書（組合等登記令25条、商登法19条）と、代理人による申請の場合には委任状（組合等登記令25条、商登法18条）を添付します。

　NPO法人の設立登記申請の登録免許税については、非課税です【記載例3-6-5：登記事項証明書（NPO法人）】（p.176）。

（6）有限責任事業組合（ＬＬＰ）

①　意義等

　有限責任事業組合（LLP）の根拠法は、「有限責任事業組合契約に関する法律」です。

　LLPは、民法上の組合契約（民法667条）の特例として位置づけられます。有限責任事業組合契約（LLP契約）は、組合員が出資額を限度として責任を負い、共同で営利を目的とする事業を営むことを約するもので、出資の履行により組合契約の効力が発生します（LLP法3条1項）。

　LLP契約には2人以上の組合員が必要ですが（LLP法37条2号）、あくまで契約ですのでLLPには法人格はありません。組合員全員の氏名（名称）・住所が登記事項となり、法人が組合員のときには自然人である職務執行者の氏名・住所も登記事項となります。

②　効力発生登記申請手続

　LLP契約が効力を生じたときには、2週間以内に効力発生の登記を申請しなければなりません（LLP法57条）。

　LLP契約の効力発生の登記申請の主な添付書類については、LLP契約書（LLP法67条1号）、払込があったことを証する書面（LLP法67条2号）、さらに組合員が法人の場合には当該組合員の職務執行者の選任に関する書面・就任承諾書（LLP法67条3号）と、代理人による申請の場合には委任状（LLP法73条、商登法18条）を添付します。

　LLP契約の効力発生の登記申請の登録免許税については、6万円を納付します（登免税法別表1・27（1）イ）【記載例3-6-6：登記事項証明書（LLP）】(p.177)。

【記載例3-6-2：登記事項証明書（一般社団法人）】

現 在 事 項 全 部 証 明 書

札幌市北区北8条西二丁目○番○号
　　　　一般社団 法人ＡＢＣ国際交流協会

会社法人等番号	○○○○－０５－○○○○○○
名 称	一般社団法人ＡＢＣ国際交流協会
主たる事務所	札幌市北区北8条西二丁目○番○号
法人の公告方法	当協会の主たる事務所の公衆の見やすい場所に掲示する方法により行う。
法人成立の年月日	平成○年１０月１日
目的等	目的 この法人は、国際交流活動に対する助成や外国人留学生に対する奨学金の交付等を行うことにより、国際的な人材育成及び国際交流の促進に寄与することを目的とする。この法人は、上記目的を達成するため、次の事業を行う。 １．国際交流活動に対する助成 ２．外国人留学生に対する奨学金の交付 ３．研修会、講演会及びセミナーの企画及び実施 ４．その他目的を達成するために必要な事業

役員に関する事項	札幌市北区北３１条西七丁目○番○号 代表理事 千 歳 一 郎	令和○年 5月２６日重任
		令和○年 6月 3日登記
	理事　千 歳 一 郎	令和○年 5月２６日重任
		令和○年 6月 3日登記
	理事　石 狩 二 郎	令和○年 5月２６日重任
		令和○年 6月 3日登記
	理事　江 別 三 郎	令和○年 5月２６日重任
		令和○年 6月 3日登記
	理事　夕 張 四 郎	令和○年 5月２６日重任
		令和○年 6月 3日登記
役員等の法人に対する責任の免除に関する規定	当協会は、役員の一般社団法人及び一般財団法人に関する法律第１１１条第１項の賠償責任について、法令の要件に該当する場合には、理事会の決議によって、賠償責任額から法令に定める最低責任限度額を控除した額を限度として免除することができる。	
非業務執行理事等の法人に対する責任の限度に関する規定	当協会は、非業務執行理事等の間で、一般社団法人及び一般財団法人に関する法律第１１１条第１項の賠償責任について、法令に定める要件に該当する場合には、賠償責任を限定する旨の契約を締結することができる。ただし、その契約に基づく賠償責任の限度額は、法令の定める額とする。	
理事会設置法人に関する事項	理事会設置法人	
監事設置法人に関する事項	監事設置法人	

これは登記簿に記載されている現に効力を有する事項の全部であることを証明した書面である。

令和○年 2 月10日

札幌法務局
登記官　　　　　　　　　　　法 務 六 郎 ［印］

整理番号　　○○○○○　　＊下線のあるものは抹消事項であることを示す。　1／1

【記載例 3-6-3：登記事項証明書（一般財団法人）】

現 在 事 項 全 部 証 明 書

名古屋市中区三の丸二丁目○番○号
　一般財団法人ＡＢＣ記財団念

会社法人等番号	○○○○－０５－○○○○○○
名 称	一般財団法人ＡＢＣ記念財団
主たる事務所	名古屋市中区三の丸二丁目○番○号
法人の公告方法	官報に掲載する方法により行う。
法人成立の年月日	令和○年 4 月 1 日

目的等	目的 当財団は、スポーツ及び学業を通じて地域社会とともに青少年の育成に寄与することを目的とし、その目的を達成するため、次の事業を行う。 １．青少年育成のためのボランティア活動及びその推進事業 ２．青少年育成のための助成金の交付 ３．青少年育成に関する啓蒙活動 ４．その他当財団の目的を達成するために必要な事業	
役員に関する事項	評議員　岡崎一郎	
	評議員　瀬戸二郎	
	評議員　津島三郎	
	名古屋市熱田区神宮四丁目○番○号 代表理事 豊田四郎	令和○年 6月28日重任
		令和○年 6月29日登記
	理事　豊田四郎	令和○年 6月28日重任
		令和○年 6月29日登記
	理事　岩倉五郎	令和○年 6月28日重任
		令和○年 6月29日登記
	理事　半田六郎	令和○年 6月28日重任
		令和○年 6月29日登記
	監事　西尾七郎	
役員等の法人に対する責任の免除に関する規定	当財団は、一般社団法人及び一般財団法人に関する法律第198条において準用する同法第114条第1項の規定に基づき、役員等が任務を怠ったことによる損害賠償責任を、法令に規定する額を限度として、理事会の決議により、免除することができる。	
非業務執行理事等の法人に対する責任の限度に関する規定	当財団は、一般社団法人及び一般財団法人に関する法律第198条において準用する同法第115条第1項の規定に基づき、非業務執行理事等の間で、任務を怠ったことによる損害賠償責任の限定契約を締結することができる。ただし、その責任の限度額は、法令で定める最低責任限度額とする 。	

　　これは登記簿に記載されている現に効力を有する事項の全部であることを証明
　　した書面である。

　　　　　　　　令和○年5月15日
　　　　　　　名古屋法務局
　　　　　　　登記官　　　　　　　　　　　法　務　七　郎　印

　整理番号　　　○○○○○　　　＊下線のあるものは抹消事項であることを示す。　　1／1

【記載例3-6-4：登記事項証明書（社団医療法人）】

現 在 事 項 全 部 証 明 書

香川県高松市丸の内○番○号
医療法人社団ＡＢＣ会

会社法人等番号	○○○○－05－○○○○○		
名　称	医療法人社団ＡＢＣ会		
主たる事務所	香川県高松市丸の内○番○号		
法人成立の年月日	平成○年４月１日		
目的等	目的及び業務 本社団は、病院および診療所を経営し、科学的でかつ適正な医療を普及することを目的とする。 本社団の開設する病院及び診療所の名称及び開設場所は、次のとおりとする （1）　医療法人社団ＡＢＣ会　第一ＡＢＣ病院 　　　　香川県高松市丸の内○番○号 （2）　医療法人社団ＡＢＣ会　ＡＢＣ診療所 　　　　香川県観音寺市坂本町五丁目○番○号		
役員に関する事項	香川県丸亀市大手町三丁目○番○号 理事長　　徳　島　一　郎	令和○年　５月２５日重任	
		令和○年　５月３０日登記	
資産の総額	金○○万○○円 　　　　　　令和○年　３月３１日変更	令和○年　４月１３日登記	
解散の事由	病院及び診療所のすべてを廃止したとき 　　　　　　平成○年１０月２３日設定	平成○年１０月２９日登記	

これは登記簿に記載されている現に効力を有する事項の全部であることを証明した書面である。

令和○年2月14日
高松法務局
登記官　　　　　　　　　　法 務 八 郎　[印]

整理番号　　○○○○○　　＊下線のあるものは抹消事項であることを示す。　1／1

【記載例 3-6-5：登記事項証明書（NPO 法人）】

現 在 事 項 全 部 証 明 書

仙台市青葉区春日町○番○号
特定非営利活動法人ＡＢＣ文化協会

会社法人等番号	○○○○－０５－○○○○○○
名 称	特定非営利活動法人ＡＢＣ文化協会
主たる事務所	仙台市青葉区春日町○番○号
法人成立の年月日	令和○年４月１日
目的等	目的及び事業 　この法人は、日本の食文化の調査研究及び普及啓発活動を通じて、豊かな生活環境づくりに寄与することを目的とする。 　この法人は、前項の目的を達成するため、次の種類の特定非営利活動を行う。 １　学術、文化、芸術又はスポーツの振興を図る活動 ２　前号に掲げる活動を行う団体の運営又は活動に関する連絡、助言又は援助の活動 　この法人は、上記の目的を達成するため、特定非営利活動にかかる事業として、次の事業を行う。 　１．食文化に関する調査研究事業 　２．食文化に関するセミナー・講演会等の開催事業 　３．その他目的を達成するために必要な事業
役員に関する事項	宮城県名取市増田字柳田○番○号 理事　　伊　達　一　郎
従たる事務所	1 東京都台東区台東一丁目○番○号
存続期間	法人成立の日から満５０年

これは登記簿に記載されている現に効力を有する事項の全部であることを証明した書面である。

令和○年12月12日
仙台法務局
登記官　　　　　　　　　　法 務 九 郎　㊞

整理番号　　セ4○○○　　　*下線のあるものは抹消事項であることを示す。　1／1

【記載例 3-6-6：登記事項証明書（LLP）】

現在事項全部証明書

有限責任事業組合契約
東京都千代田区九段南一丁目○番○号
有限責任事業組合ＡＢＣサポート

会社法人等番号	○○○○－０５－○○○○○○
組合の名称	有限責任事業組合ＡＢＣサポート
組合の主たる事務所	東京都千代田区九段南一丁目○番○号
組合契約の効力が発生する年月日	令和○年７月１日
組合の事業	１．経営コンサルティング ２．書籍の出版 ３．前各号に附帯関連する一切の事業
組合員・清算人に関する事項	東京都豊島区池袋四丁目○番○号 組合員　　　豊　島　一　郎
	東京都品川区広町二丁目○番○号 組合員　　　有限会社ＡＢＣコンサルティング
	東京都大田区鵜の木二丁目○番○号 職務執行者　　大　田　三　郎
組合の従たる事務所	1 静岡市葵区追手町○番○号
組合の存続期間	組合契約の効力発生から２０年間

これは登記簿に記載されている現に効力を有する事項の全部であることを証明した書面である。

令和○年10月20日
東京法務局
登記官　　　　　　　　　　法　務　十　郎　［印］

整理番号　　セ4○○○　　　＊下線のあるものは抹消事項であることを示す。　　1／1

NOTE ⑧ │ 倒産と登記

　会社が倒産または倒産状態に陥った場合の法的な倒産手続には、①破産、②特別清算、③民事再生、④会社更生があります。破産と特別清算は会社を消滅させる手続であるのに対し、民事再生と会社更生は事業を再建させる手続です。特別清算は会社法で規律されている手続ですが、その他は破産法、民事再生法、会社更生法によりそれぞれ規律されています。

　これらの法的倒産手続は、手続の進行に応じて商業登記簿に記録されることになりますが、ここでは利用件数の最も多い破産を例に説明することにします。

　まず、債務者である会社に支払不能や債務超過という破産手続開始の原因がある場合、裁判所は申立てにより破産手続の開始決定をします（破産法15条・16条）。当該決定がなされますと、裁判所書記官が破産手続開始の登記を当該会社の本店所在地を管轄する法務局に嘱託することになります（破産法257条1項）。登記簿には、たとえば「令和〇年1月15日午前10時　東京地方裁判所の破産手続開始」の旨と、破産管財人の氏名等が記録されます。

　破産費用の不足等により終結に至る途中で手続を終える破産手続廃止の決定（破産法216条・217条）が確定した場合や、債権者への配当が完了して手続を終了する破産手続終結の決定（破産法220条）があった場合も同様に、裁判所書記官の嘱託により登記がなされます（破産法257条7項）。なお、破産手続終結の登記がなされますと登記記録は閉鎖されます（商登規117条3項1号）。

　ちなみに破産手続開始の決定がなされた場合、債務者が法人であるときには、当該法人名義の不動産や不動産上の権利があっても、不動産登記にはその旨が登記されず、商業・法人登記簿で確認することになります。

第4章

動産・債権譲渡登記

Registration of Assignment of Movables & Claims

1　総　論

（1）アウトライン

　動産・債権譲渡登記とは、動産・債権の譲渡の**民法の特例**として対抗要件を備えることができるというものです。この登記制度は、法人が保有する資産を有効に活用した円滑な資金調達を主目的としていることから、**譲渡人が法人に限定**されています。

　債権譲渡登記は平成10（1998）年10月から運用が開始され、その後の法律改正で債務者が特定していない将来債権の譲渡についても第三者対抗要件を備えることができるようになりました。また、動産譲渡登記は平成17（2005）年10月から運用が開始されました。

（2）**動産・債権譲渡登記と法令等**

　動産・債権譲渡登記については、「動産及び債権の譲渡の対抗要件に関する民法の特例等に関する法律」に規定されています。同法の委任に基づき、政令として「動産・債権譲渡登記令」が、省令として「動産・債権譲渡登記規則」が設けられています。

2　**動産譲渡登記の意義等**

（1）**動産譲渡登記の効力**

　動産譲渡登記は、動産譲渡が行われた時点で対抗要件が備えられたことを公示するもので、譲渡された動産の存否を証明するものではありません。

（2）**動産譲渡登記と民法対抗要件**

　動産の譲渡自体は、動産の譲渡人・譲受人の意思表示、たとえば動産売買契約によってその効力が生じますが、譲渡人・譲受人以外の者にその効力を主張するためには、動産譲渡の対抗要件を備える必要があります。

　民法上の動産譲渡の対抗要件は**引渡し**です。具体的には、ⅰ）現実の引渡し（民法 182 条 1 項）、ⅱ）簡易の引渡し（民法 182 条 2 項）、ⅲ）指図による占有移転（民法 184 条）、ⅳ）占有改定（民法 183 条）の 4 つの方法があります。

　一方、動産譲渡登記を行うことにより民法上の引渡しがあったものとみなされます（動産・債権特例法 3 条 1 項）。

　動産譲渡登記と民法上の対抗要件は併存し、動産譲渡登記が民法上の対抗要件に優先するというわけではありません。その優劣は、あくまで対抗要件を備えた時の先後によります。

（3）動産譲渡登記のメリット

　動産に譲渡担保を設定する場合、債務者である譲渡人の占有下に当該動産をとどめることができる**占有改定**（民法 183 条）により対抗要件を備えるのが一般的です。しかしながら、占有改定では、譲渡人から譲受人への動産の物理的な移動がないことから、後日、動産を取得したと主張する者が現れた際に、占有改定の有無やその先後をめぐって紛争が生じるおそれがあります。

　一方、動産譲渡登記では、対抗要件を備えたことが第三者に対して公示され、それを容易に立証することができます。

（4）他の制度との関係

①　即時取得
　動産譲渡登記により対抗要件を備えた場合であっても、第三者が当該動産を**即時取得**（民法 192 条）したときには、動産譲渡登記の譲受人は当該動産の所有権を失うこともあります。

②　動産抵当等
　自動車・船舶・航空機のように特別法によって民法の対抗要件とは別に所有権の得喪等に関する対抗要件が設けられている動産については、動産譲渡登記の対象とはなりません。

③　工場財団
　工場財団の組成物件には他人の権利の目的とされたものは含まれませんが、

登記・登録のない動産については、工場抵当法に基づく公告期間内に権利の申出がない限り、その権利は存在しないものとみなされます（工場抵当法25条）。ただし、動産譲渡登記の対象動産については、工場抵当法における登記・登録のある動産には該当しませんので、工場財団に先行して動産譲渡登記をした動産であっても、公告期間内に権利の申出をしない場合には、当該動産は工場財団の組成物件となり、工場財団抵当の効力が及ぶことになります（p.213〜）。

（5）動産の特定

　動産譲渡登記における動産の特定をするには、**個別動産**と**集合動産**のいずれかの方法によることになります。

①　個別動産

　個別動産は当初定めた保管場所からその動産が搬出されても譲渡（担保）の効力が及ぶことになります。たとえば、ある特定の機械や器具を譲渡（担保）の対象とする場合には個別動産により特定するのが適しているといえます。

　動産譲渡登記では、個別動産の場合、動産の**種類**と**特質**によって特定します（動産・債権登則8条1項）。さらに、ⅰ）型式、ⅱ）製造社名、ⅲ）シリアル番号等を任意に「備考欄」に追記することにより特定を強化することができます。

②　集合動産

　集合動産は、同一種類の動産であれば、当初定めた保管場所に新たに搬入された動産にも譲渡（担保）の効力が及びます。一方、当初定めた保管場所から当該動産が搬出された場合には、原則として譲渡（担保）の効力は及びません。たとえば、ある倉庫に保管される、日々変動のある在庫商品を譲渡（担保）の対象とする場合には集合動産により特定するのが適しているといえます。

　動産譲渡登記では、集合動産の場合、動産の**種類**と**保管場所の所在地**によって特定します（動産・債権登則8条1項）。さらに、動産の内訳・対象動産の範囲等を任意に「備考欄」に追記することにより特定を強化することができます。

3　債権譲渡登記の意義等

（1）債権譲渡登記の効力

　債権譲渡登記は、債権譲渡が行われた時点で対抗要件が備えられたことを公示するもので、譲渡された債権の存否を証明するものではありません。

（2）債権譲渡登記と民法対抗要件

　債権譲渡には、債務者対抗要件と第三者対抗要件の2つの対抗要件があります。

　債務者対抗要件とは、債権の譲受人が債務者から債務の弁済を拒まれないようにするためのものです。言い換えますと、債務者は、債権の譲受人であると主張する者から支払いの請求を受けた場合に、二重払いの危険を避けるため、その者が債務者対抗要件を備えるまで弁済を拒むことができます。債務者対抗要件を備えるには、債務者に対する譲渡人（原債権者）からの通知または債務者の承諾が必要となります（民法467条1項）。

　第三者対抗要件とは、ある債権が二重に譲渡されたような場合に、当該債権に対する地位の優劣を決するためのものです。民法上の第三者対抗要件は、債務者に対する**確定日付ある**譲渡人（原債権者）からの**通知**または債務者の**承諾**が必要となります（民法467条2項）。債権譲渡登記と民法上の第三者対抗要件は併存し、債権譲渡登記が民法上の対抗要件に優先するというわけではありません。その優劣は、あくまで対抗要件を備えた時の先後によります。

（3）債権譲渡登記のメリット

①　サイレントでの第三者対抗要件の具備

　民法上の第三者対抗要件では、債務者に対する確定日付ある通知または債務者による承諾が必要となり、債務者の何らかの関与が必要となります。

　一方、債権譲渡登記では、債務者が関与することなく第三者対抗要件を備えられるため、債務者の信用問題を回避することができます。

②　譲受人による債務者対抗要件の具備

民法上の債務者対抗要件となる通知は、譲渡人から行う必要があります。

一方、債権譲渡登記をした場合には、譲受人から当該債権譲渡についての登記事項証明書を債務者に交付し、債務者対抗要件を備えることができます。

③　第三者対抗要件に関する負担軽減

民法上の第三者対抗要件では、債権譲渡の対象となる債務者が多数の場合、確定日付ある、各債務者に対する通知または各債務者の承諾が必要となり、事務負担は小さくありません。

一方、債権譲渡登記による対抗要件では、債権譲渡の対象となる債務者が多数の場合であっても、債権譲渡登記により一括して第三者対抗要件を備えることができ、事務負担の軽減につながります。

④　債務者不特定の将来債権譲渡での利用

民法上の第三者対抗要件では、債務者の関与が必須であるため、債務者不特定の将来債権を対象として第三者対抗要件を備えることができません。

一方、債権譲渡登記では、債権譲渡の時点で、債務者が特定されていない将来債権についても、第三者対抗要件を備えることができます。

（4）債権の特定

債権譲渡登記の対象となるのは**金銭債権**（民法 402 条 1 項）です。たとえば売買契約に基づく売掛債権や金銭消費貸借契約に基づく貸金債権等があげられます。

債権譲渡登記における債権の特定は、ⅰ）原債権者・債務者、ⅱ）債権の種類・債権発生原因・年月日、ⅲ）債権額等によります。なお、債権の種類は、15 種類のコードの中から選択することになります**【図表 4-3-1：債権の種類コード一覧】**。

【図表 4-3-1：債権の種類コード一覧】

コード	内容	コード	内容	コード	内容
0101	住宅ローン債権	0401	運送料債権	0801	診療報酬債権
0102	消費者ローン債権	0501	リース債権	0899	その他の報酬債権
0199	その他の貸付債権	0601	クレジット債権	0901	入居保証金債権
0201	売掛債権（0301以外）	0701	不動産賃料債権（0501以外）	1001	工事請負代金債権
0301	割賦販売代金債権	0799	その他の賃料債権	9999	その他の債権

4　登記の管轄

　動産譲渡登記については**東京法務局民事行政部動産登録課**が、債権譲渡登記については**東京法務局民事行政部債権登録課**が唯一の管轄登記所となります。

5　登記の申請

　動産譲渡登記と債権譲渡登記の申請については、基本的に共通のルールが適用されます。

（1）申請人

　登記は、**譲渡人と譲受人との共同申請**によります（動産・債権特例法8条2項）。**譲渡人は法人に限定**されますが、譲受人は法人に限定されず自然人も譲受人として登記をすることができます（動産・債権特例法4条1項）。

（2）登記の種類

　登記の種類には、**譲渡登記、延長登記、抹消登記**の3つがあります。なお、債権の場合には譲渡登記のほか、民法上の第三者対抗要件が同じである債権の**質権設定登記**が含まれます。

①　譲渡登記

動産や債権の譲渡につき第三者対抗要件を備える登記のことをいいます（動産・債権特例法3条1項・7条）。

②　延長登記

既存の登記の存続期間を延長する登記のことをいいます（動産・債権特例法9条）。動産・債権譲渡登記には登記の存続期間が設けられており、譲渡登記で定めた登記の存続期間を延長する場合には、登記の存続期間の満了前に延長登記を申請する必要があります。

③　抹消登記

既存の登記を抹消する登記のことをいいます（動産・債権特例法10条1項）。なお、対象となる動産・債権譲渡登記が複数ある場合に、そのうちの一部を抹消することもできます。

④　その他の登記

動産・債権譲渡登記には、上記の①②③以外の登記、たとえば**変更登記**や**更正登記**は認められていません。

（3）登記申請の方法

登記申請の方法としては、実務上**出頭申請**または**郵送申請**が一般的です（動産・債権登令7条）。なお、オンライン申請も認められていますが、譲渡人と譲受人の電子署名・電子証明書が必要となることから、実務における利用は限定的です。

出頭申請または郵送申請による場合、**事前提供方式**という登記申請前に申請データを登記所にオンラインで送信し、当該データの形式チェックを受けることができます。これにより、申請データの形式的な不備から登記申請が受理されないというリスクを回避することができます。

（4）添付書類

譲渡登記の申請には、以下の書面を添付します（動産・債権登令8条、動産・

債権登規 13 条 1 項 1 号・2 号・3 号・3 項）。なお、各書面についての原本還付の請求も認められていません。

①　資格証明書

登記申請人が法人であるときには、作成後 3 か月以内の登記事項証明書等を資格証明書として添付します（動産・債権登令 8 条 1 号）。当該証明書は、法人である譲受人の住所証明書を兼ねることができます。

②　住所証明書

譲受人が自然人であるときには住民票等を、法人であるときには登記事項証明書等を住所証明書として添付します（動産・債権登規 13 条 1 項 1 号）。

③　印鑑証明書

譲渡人である法人の作成後 3 か月以内の印鑑証明書を添付します（動産・債権登規 13 条 1 項 2 号）。

④　代理権限証書

司法書士等の代理人によって登記申請する場合には委任状を代理権限証書として添付します（動産・債権登令 8 条 2 号）。

⑤　特別の事由があることを証する書面

法定された登記の存続期間を超える登記申請をする場合には、特別の事由があることを証する書面を添付します（動産・債権特例法 8 条 3 項）。特別の事由があることを証する書面としては、たとえば、譲渡担保権設定契約書と法定された登記の存続期間を超える返済期間を定めた金銭消費貸借契約書があげられます。

（5）登録免許税

譲渡登記の登録免許税は、担保対象となる動産や債権の価格や被担保債権にかかわらず、原則として申請 1 件につき 15,000 円ですが、減税措置により 7,500 円の**定額**を納付します。なお、動産譲渡登記の場合、譲渡する動産

1,000 個までは 1 件で申請することができます。また、債権譲渡登記の場合、譲渡する債権 10 万個までは 1 件で申請することができますが、譲渡する債権が 5,000 個以下の場合の登録免許税は減税措置の対象であり、5,000 個超 10 万個以下の場合の登録免許税は原則どおり 1 件につき 15,000 円を納付することとなります。

　延長登記の登録免許税は、原則として申請 1 件につき 7,500 円ですが、減税措置により 3,000 円を納付します。

　抹消登記の登録免許税は、申請 1 件につき 1,000 円を納付します**【記載例4-5-1：登記申請書（債権譲渡）】**（p.190）。

（6）登記の処理等

①　受　付

　動産・債権譲渡登記所に出頭して申請する場合には、その時刻で登記が受け付けられます（動産・債権登令 9 条）。

　動産・債権譲渡登記所への郵送で申請をする場合には、**書留郵便**または**信書便**によらなければならず（動産・債権登規 10 条）、動産・債権譲渡登記所に登記申請書が到着した**翌執務日**の午前 8 時 30 分に、他の登記申請に先立って受け付けられます（動産・債権登令 9 条）。

②　審査・処理

　登記受付後、**即時に審査・処理**がなされます（動産・債権登令 9 条）。事案等により多少の差異はあるものの、登記受付後 30 分から 1 時間程度で審査・処理が完了します。即時に審査・処理される理由としては、動産・債権譲渡登記が動産・債権譲渡登記以外の民法上の対抗要件と競合するため、登記が遅れることにより登記申請人に重大な不利益が及ぶおそれがあるためとされています。

　登記申請された動産・債権については、対象が同一の動産・債権について既に登記がされているか否かの審査は行われません。したがって、同一の動産や債権について、二重の登記がなされる可能性は否定できません。

③　補正・取下げ

　動産・債権譲渡登記には、不動産登記や商業登記における補正の制度はなく、

登記申請データ等に誤りや、添付書類に不足があった場合、当該登記申請は却下されることになります。

　そこで、実務上、登記申請に却下事由があることを条件として、登記申請を取り下げる旨の取下書を登記申請書とあわせて提出する取扱いが認められています。登記申請が却下された場合には、登記申請書や添付書類が返却されませんが、取下げの場合には返却され、それらを再度使用することができます。

④　実行・通知

　登記の実行後、動産・債権譲渡登記所の登記官は以下のとおりの通知を行います。

（a）本店等の所在地の登記所への通知

　譲渡人の本店等を管轄する登記所に対し、当該登記をした旨と登記事項の概要を通知します（動産・債権特例法12条2項、動産・債権登規18条1項）。当該通知を受けた譲渡人の本店等を管轄する登記所では、遅滞なく、譲渡人の動産・債権譲渡登記事項概要ファイルに登記事項の概要を記録します（動産・債権特例法12条3項、動産・債権登規19条1項）。

（b）登記申請人への通知

　譲渡登記、延長登記の場合は譲受人に、抹消登記の場合は譲渡人に対し、当該登記番号等が通知されます。なお、譲渡人または譲受人が複数の場合には、そのうち1名に対して通知されることになります（動産・債権登規17条）。また、司法書士等の代理人によって登記申請がなされた場合には、代理人に対して通知がなされます。

【記載例 4-5-1：登記申請書（債権譲渡）】

登 記 申 請 書

登 記 の 目 的　　　債権譲渡登記

添 付 書 類　　　資格証明書、印鑑証明書、代理権限証書

登 録 免 許 税　　　7,500 円
　　　　　　　　　　債権個数　1 個
　　　　　　　　　　登記の存続期間　令和○年1月6日

上記のとおり申請します。

令和○年1月7日　　　　東京法務局　御中

申請人

　　　　　　譲渡人　　東京都新宿区新宿一丁目○番○号
　　　　　　　　　　　株式会社新宿商店
　　　　　　　　　　　代表取締役　新井一郎

　　　　　　譲受人　　東京都中野区中野一丁目○番○号
　　　　　　　　　　　株式会社中野中央銀行
　　　　　　　　　　　代表取締役　鈴木太郎
　　　　　　　　　　　（取扱店　中野支店）

　　　　　譲渡人及び譲受人代理人
　　　　　　　　　　　東京都中野区野方一丁目○番○号
　　　　　　　　　　　司法書士法人ＡＢＬ
　　　　　　　　　　　代表社員　中野正　㊞
　　　　　　　　　　　（連絡先　03－○○○○－○○○○）

6　登記の編成

（1）2つの登記ファイル

　動産・債権譲渡登記の登記記録について、動産譲渡登記所では**動産譲渡登記ファイル**、債権譲渡登記所では**債権譲渡登記ファイル**が備えられ、譲渡人の本店等の所在地の登記所では、それぞれ**動産譲渡登記事項概要ファイル**と**債権譲渡登記事項概要ファイル**が備えられています。

（2）人的編成主義による編成

　動産譲渡登記ファイル・債権譲渡登記ファイルは**譲渡人ごとに編成**される、いわゆる**人的編成主義**がとられており、譲渡対象となる動産・債権ごとに編成されるものではありません。つまり、ある動産・債権譲渡の履歴が1つの動産・債権譲渡登記ファイルに記録されないということになり、不動産ごとに編成される物的編成主義とは異なります。

（3）二重登記と優劣関係

　仮に同一の動産・債権について二重に登記がされ競合した場合には、**登記の時刻**の先後によって優劣を決することになります。

7　登記の証明書

　動産譲渡登記と債権譲渡登記の証明書については、基本的に共通のルールが適用され、**登記事項証明書**、**登記事項概要証明書**、**概要記録事項証明書**の3種類があります。なお、動産・債権譲渡登記がない場合には、いわゆる「**ないこと証明書**」が発行されます。

（1）登記事項証明書

①　内　容
　登記事項証明書は、登記事項ファイルに記録された**概要事項**と**個別事項**が記

載されたものです。概要事項には登記原因、原因日付や登記の存続期間等が、個別事項には譲渡された動産・債権の具体的な内容等が記載されています。

　登記事項証明書は、原則として**交付請求の前日時点での情報**を反映した内容となります。例外的に動産・債権譲渡登記申請と同時に登記事項証明書の交付請求をした場合には、当該譲渡登記のみが反映された証明書が発行されることになります。

②　請求権者

　登記事項証明書の交付請求権者は、不動産登記や商業登記とは異なり、譲渡の対象となっている動産・債権の譲渡人や譲受人等の**一定の者に限定**されています。請求権者が限定されている理由としては、登記事項証明書の個別事項欄には譲渡人の動産・債権の具体的な内容が記載されることから、譲渡人の営業秘密や事業戦略等に関わるものとして、利害関係のない者にまで開示するのは相当ではないからです。

③　請求方法

　登記事項証明書の交付請求先は、登記申請と同じく、**動産・債権譲渡登記所**です（動産・債権特例法11条1項・2項）。

④　添付書類

　譲渡人または譲受人が登記事項証明書を交付請求する場合、登記事項証明書交付申請書とともに印鑑証明書（発行後3か月以内）、法人についてはくわえて登記事項証明書等の資格証明書（発行後3か月以内）が必要となります。また、司法書士等の代理人が交付請求するときには委任状を添付することになります。なお、これらの書類の原本還付は認められていません**【記載例4-7-1：登記事項証明書（動産譲渡）】**（p.195）、**【記載例4-7-2：登記事項証明書（債権譲渡）】**（p197）。

（2）登記事項概要証明書

①　内　容

　登記事項概要証明書は、登記事項ファイルに記録された事項のうち**概要事項**

のみが記載されたもので、個別事項は記載されません。

　登記事項概要証明書は、登記事項証明書と同様に、原則として**交付請求の前日時点での情報**を反映した内容となります。

②　請求権者

　登記事項概要証明書については、**誰でもが**交付請求をすることができます。

③　請求方法

　登記事項概要証明書の交付請求先は、登記事項証明書と同じく、**動産・債権譲渡登記所**です（動産・債権特例法 11 条 1 項・2 項）。

④　添付書類

　登記事項概要証明書交付申請書以外には**添付書類は不要**です【記載例 4-7-3：登記事項概要証明書（動産譲渡）】(p.199)。

（3）概要記録事項証明書

①　内　容

　概要記録事項証明書は、譲渡人の本店等の所在地の登記所に備えられる登記事項概要ファイルに記録された事項が記載されたものです。

　概要記録事項証明書には、動産・債権の具体的な内容は記載されませんが、先行する動産・債権譲渡登記の有無については記載内容から判明するため、実務上は融資の前提の調査等の際に利用されています。

②　請求権者

　概要記録事項証明書は、**誰でもが**交付請求をすることができます。

③　請求方法

　概要記録事項証明書の交付請求先は、全国の登記所が対象となります（動産・債権特例法 13 条 2 項）。これは、譲渡人の本店等の所在地の登記所だけではなく、登記情報交換システムによって譲渡人の本店等の所在地以外の登記所でも請求することができるためです。また、**登記情報提供サービス**により概要記録

を確認することもできます。

④　添付書類

　概要記録事項交付申請書以外に添付書類は不要です【記載例 4-7-4：概要記録事項証明書（動産譲渡）】（p.200）、【図表 4-7-5：譲渡登記に関する証明書】。

【図表 4-7-5：譲渡登記に関する証明書】

	登記事項証明書	登記事項概要証明書	概要記録事項証明書
交付請求先	東京法務局動産登録課 東京法務局債権登録課	東京法務局動産登録課 東京法務局債権登録課	全国の登記所
記録されるファイル	譲渡登記ファイル	譲渡登記ファイル	登記事項概要ファイル
交付請求権者	譲渡人・譲受人・利害関係人等	誰でも請求可	誰でも請求可
登記原因・日付	○	○	×
登記の存続期間	○	○	×
譲渡動産・債権の特定事項	○	×	×
商号・本店等の変更履歴	×	×	○

○は記載あり、×は記載なし

【記載例 4-7-1：登記事項証明書（動産譲渡）】

登 記 事 項 証 明 書（一括）

	概要事項

【登記の目的】：動産譲渡登記
【譲渡人】
　　【本店等】：東京都新宿区新宿一丁目○番○号

　　【商号等】：株式会社新宿商店

　　【会社法人等番号】：○○○○01○○○○○○
　　【取扱店】：－
　　【日本における営業所等】：－

【譲受人】
　　【本店等】：東京都中野区中野一丁目○番○号

　　【商号等】：株式会社中野中央銀行

　　【会社法人等番号】：○○○○01○○○○○○
　　【取扱店】：中野支店
　　【日本における営業所等】：－

【登記原因日付】：令和○年1月7日
【登記原因（契約の名称）】：譲渡担保

【登記の存続期間の満了年月日】：令和○年1月6日
【備考】：－

【申請区分】：出頭
【登記番号】：第20○○-0100号
【登記年月日時】：令和○年1月7日　　10時10分

(1/2)[　証明番号]***********(1/1)

登 記 事 項 証 明 書（一括）

【動産通番】：０００１ 【種類】：時計、鞄、イヤリング、ブレスレットその他一切の在庫商品 【特質・所在】：東京都新宿区高田馬場一丁目○番○号 【動産区分】：集合動産 【備考】 　保管場所の名称：株式会社新宿商店第一倉庫	動産個別事項
	一部抹消事項
【登記番号】：－ 【登記年月日時】：－ 【登記原因日付】：－ 【登記原因（契約の名称）】：－	

【検索の対象となった記録】：令和○年１月７日現在
上記のとおり動産譲渡登記ファイル（除く閉鎖分）に記録されていることを証明する。

　　　令和○年１月７日

　　　　　東京法務局　登記官　　　　　　　　　法 務 太 郎　[印]

注1　この証明書は、動産の存否を証明するものではありません。
　2　動産の所在によって特定する場合には、保管場所にある同種類の動産の全て（備考で更に特定されている
　　　場合には、その動産の全て）が譲渡の対象であることを示しています。
　3　【特質・所在】の項目には、個別動産の場合は動産の特質が，集合動産の場合は動産の所在が記載されます。

（2/2)[証明番号]**********(1/1)

【記載例 4-7-2：登記事項証明書（債権譲渡）】

登 記 事 項 証 明 書（一括）

【登記の目的】：債権譲渡登記	概要事項

【譲渡人】
　　【本店等】：東京都新宿区新宿一丁目○番○号

　　【商号等】：株式会社新宿商店

　　【会社法人等番号】：○○○○○01○○○○○○
　　【取扱店】：－
　　【日本における営業所等】：－

【譲受人】
　　【本店等】：東京都中野区中野一丁目○番○号

　　【商号等】：株式会社中野中央銀行

　　【会社法人等番号】：○○○○○01○○○○○○
　　【取扱店】：中野支店
　　【日本における営業所等】：－

【登記原因日付】：令和○年1月7日
【登記原因（契約の名称）】：譲渡担保

【債権の総額】：－
【被担保債権額】：－
【登記の存続期間の満了年月日】：令和○年1月6日
【備考】：－

【申請区分】：出頭
【登記番号】：第20○○-0100号
【登記年月日時】：令和○年1月7日　　10時10分

（　1／2）［証明番号］＊＊＊＊＊＊＊＊＊＊＊　（　1／1）

登 記 事 項 証 明 書（一括）

【債権通番】：0001　【債権の管理番号】：－	債権個別事項

【原債権者】
　　【本店等】：東京都新宿区新宿一丁目○番○号

　　【商号等】：株式会社新宿商店

　　【会社法人等番号】：○○○○01○○○○○○
　　【取扱店】：－
　　【日本における営業所等】：－

【債務者】
　　【本店等】：東京都千代田区大手町一丁目○番○号

　　【商号等】：東京みらい物産株式会社

　　【会社法人等番号】：○○○○01○○○○○○
　　【取扱店】：－

【債権の種類】：売掛債権
【契約年月日】：令和○年 11 月 24 日
【債権発生年月日（始期）】：令和○年 1 月 7 日
【債権発生年月日（終期）】：令和○年 1 月 6 日
【債権発生原因】：日用品雑貨、文具、玩具等にかかる売買契約

【発生時債権額】：－
【譲渡時債権額】：－
【弁済期】：－
【外貨建債権の表示】：－
【備考】：－

	一部抹消事項

　【登記番号】：－
　【登記年月日時】：－
　【登記原因日付】：－
　【登記原因（契約の名称）】：－

【検索の対象となった記録】：令和○年 1 月 7 日現在
上記のとおり債権譲渡登記ファイル（除く閉鎖分）に記録されていることを証明する。

　　　令和○年 1 月 7 日
　　　　　　東京法務局　登記官　　　　　法 務 太 郎　印

（注）　この証明書は、債権の存否を証明するものではありません。

　　　　　　　　　　　　　　（ 2／2 ）［証明番号］ ***********　　（ 1／1 ）

【記載例 4-7-3：登記事項概要証明書（動産譲渡）】

登　記　事　項　概　要　証　明　書

【登記の目的】：動産譲渡登記	概要事項

　【譲渡人】
　　　【本店等】：東京都新宿区新宿一丁目○番○号

　　　【商号等】：株式会社新宿商店

　　　【会社法人等番号】：○○○○01○○○○○○
　　　【取扱店】：－
　　　【日本における営業所等】：－

　【譲受人】
　　　【本店等】：東京都中野区中野一丁目○番○号

　　　【商号等】：株式会社中野中央銀行

　　　【会社法人等番号】：○○○○01○○○○○○
　　　【取扱店】：中野支店
　　　【日本における営業所等】：－

　【登記原因日付】：令和○年1月7日
　【登記原因（契約の名称）】：譲渡担保

　【登記の存続期間の満了年月日】：令和○年1月6日
　【備考】：－

　【申請区分】：出頭
　【登記番号】：第20○○-0100号
　【登記年月日時】：令和○年1月7日　　10時10分

【検索の対象となった記録】：令和○年1月7日現在
上記のとおり動産譲渡登記ファイル（除く閉鎖分）に記録されていることを証明する。

　　　　令和○年1月7日
　　　　　　東京法務局　登記官　　　　　　法　務　太　郎　[印]

注1　この証明書は、動産の存否を証明するものではありません。

　　　　　　　　　　　　　　　　（ 1/1)[証明番号]**********(1/1)

【記載例 4-7-4：概要記録事項証明書（動産譲渡）】

現在概要記録事項証明書（動産）

東京都新宿区新宿一丁目〇番〇号

株式会社新宿商店

会社法人等番号	〇〇〇〇-01-〇〇〇〇〇〇	
商　　号	株式会社杉並産業	
	株式会社新宿商店	令和〇年 10 月 10 日変更
		令和〇年 10 月 13 日登記
本　　店	東京都杉並区清水一丁目〇番〇号	
	東京都新宿区新宿一丁目〇番〇号	令和〇年 12 月 10 日移転
		令和〇年 12 月 14 日変更
動産譲渡	第 20〇〇-0100 号動産譲渡 　登記の年月日 　　令和〇年 1 月 7 日 　譲受人 　　東京都中野区中野一丁目〇番〇号 　　株式会社中野中央銀行	
		令和〇年　1 月 7 日登記

これは動産譲渡登記事項概要ファイルに記録されている現に効力を有する事項であることを証明した書面である。

（東京法務局新宿出張所管轄）

　　　　　令和〇年 1 月 7 日

　　　　東京法務局中野出張所

　　　　登記官　　　　　　　法　務　次　郎　㊞

NOTE ⑨ | 本人確認の重要性

　契約等において、当事者が本人であるかの確認は重要ですが、登記においても同様です。近時、不動産売買の場面で、売主になりすます、いわゆる「地面師」事件が頻発しています。これらは、取引時における本人確認がきちんとできていなかったことに起因しているといえます。取引の安全や透明性の観点等から、司法書士が登記手続に携わる際には、法令・職責による本人確認を行うことが求められています。

　司法書士が求められている本人確認には、まず「犯罪による収益の移転防止に関する法律」（ゲートキーパー法）に基づくものがあります。これはマネーロンダリングやテロ資金の供与といった、犯罪による収益の移転を防止するために、司法書士等が特定の業務に関する取引の当事者の本人確認を行い、その記録の作成・保存が義務づけられているというものです。たとえば不動産売買の登記手続の場面では、売主と買主に対して運転免許証やマイナンバーカード等の提示をしてもらうことになります。

　次に、司法書士はその職責に照らした本人確認を行います。ゲートキーパー法の対象は特定の業務に限定されていますが、職責による確認はすべての業務が対象となります。ただし、ゲートキーパー法のように画一的な確認方法に限定されず、司法書士が専門家として、その職責に照らし適切と認められる方法によることができます。

　現在の本人確認は対面により確認書類の提示を受けるという方法が一般的ですが、デジタル化が進行していく中、今後はオンライン等を活用した、非対面による方法についての対応も必要になってくるものと思われます。

第5章

その他の登記

Other Registrations

1 成年後見登記

（1）アウトライン

① 意義等

　成年後見とは、民法や「任意後見契約に関する法律」の規定に基づき、本人の判断能力が減退したときに（備えて）、本人の意思を尊重しつつ、本人のために適正に**財産管理**と**身上監護**を行うための制度です。平成11（1999）年の民法改正等により創設され、翌平成12（2000）年4月1日から施行されました。なお、未成年者における親権者の不在等による**未成年後見**という制度もあります（民法5条・838条2号等）。

　後見人・保佐人・補助人・任意後見人（後見人等）の担い手としては、本人の親族のほか、弁護士・司法書士といった法律専門職や社会福祉士・介護福祉士といった福祉専門職が就任しています。また、複数の後見人等（民法859条の2等）や法人の後見人等（民法843条4項等）も認められています。

② 成年後見制度の種類

　成年後見には、民法に規定される法律上の要件に基づく**法定後見**と、当事者間の契約に基づく**任意後見**とに大別されます。

　法定後見には、判断能力の減退の程度に応じて重い順に「後見」・「保佐」・「補助」という3つの類型が設けられています**【図表5-1-1：法定後見等の概**

【図表5-1-1：法定後見等の概要】

	対象（程度）	名称		保護者の同意権・取消権	保護者の代理権
		本人	保護者		
補助	判断能力が不十分（軽度）	被補助人	補助人	申立ての範囲で裁判所が定める行為	申立ての範囲で裁判所が定める行為
保佐	判断能力が著しく不十分（中度）	被保佐人	保佐人	民法13条1項各号の所定行為	申立ての範囲で裁判所が定める行為
後見	判断能力が欠如（重度）	被後見人	後見人	日常生活に関する行為以外の行為	すべての法律行為

要】。

③　成年後見の公示

　従来の禁治産・準禁治産制度下の公示については、戸籍にその旨が記載されており、プライバシー上の問題が指摘されていました。

　成年後見制度の公示については、「後見登記等に関する法律」に基づき、成年後見登記によってなされることになりました。

　成年後見登記の事務については、基本的に東京法務局（後見登録課）1か所で全国のものを取り扱っています（後見登記法2条）。

（2）法定後見等

①　手　続

　法定後見等は本人・配偶者・四親等内の親族ほかが本人の住所地の家庭裁判所に後見等の申立てを行い、その審判によって後見等が開始することになります（民法7条・11条・15条、家事事件手続法117条〜144条）。なお、準備から開始に至るまでの期間は3〜6か月程度を要するのが一般的です【**図表5-1-2：法定後見等の手続の流れ**】。

【**図表5-1-2：法定後見等の手続の流れ**】

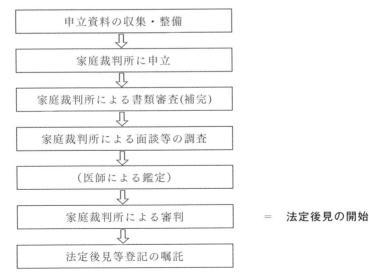

②　登　記

（a）開　始

　法定後見等の開始の審判がなされると、管轄した**家庭裁判所の書記官**が法務局に**登記を嘱託**します（家事事件手続法 116 条 1 号）。

　法定後見等の開始時の登記すべき事項については、**【図表 5-1-3：法定後見等開始の登記すべき事項】**のとおりです（後見登記法 4 条 1 項各号）。

【図表 5-1-3：法定後見等開始の登記すべき事項】

法定後見等の種別　（＊）
審判をした家庭裁判所・事件番号・審判確定日　（＊）
被後見人等の氏名・生年月日・住所・本籍　（＊）
後見人等の氏名（名称）・住所（＊）
後見監督人等の氏名（名称）・住所
（保佐・補助の場合）同意を要する事項
（保佐・補助の場合）代理権の範囲
共同後見人の職務分掌
登記番号　（＊）

（＊）は必須事項

（b）変　更

　後見人等の解任など審判による変更については、管轄した家庭裁判所の書記官が法務局にその旨の登記を嘱託します（家事事件手続法 116 条 1 号）。

　被後見人等の住所の変更などについては、後見人等の関係者がその旨の登記を申請しなければなりません（後見登記法 7 条）。

（c）終　了

　被後見人等が死亡した場合には、後見人等の関係者が後見等の終了の登記を申請しなければなりません（後見登記法 8 条）。

　審判による後見等の終了については、管轄した家庭裁判所の書記官が法務局にその旨の登記を嘱託します（家事事件手続法 116 条 1 号）。

（3）任意後見

①　手　続

　任意後見は本人（委任者）と任意後見人受任者との間で、一種の委任契約である**任意後見契約**を**公正証書**で作成する必要があります（任意後見法 3 条）。

　任意後見契約後、本人・任意後見人受任者ほかが本人の住所地の家庭裁判所に**任意後見監督人の選任の申立て**を行い、当該審判によって任意後見契約の効力が発生することになります（任意後見法 4 条）**【図表 5-1-4：任意後見の手続の流れ】**。

【図表 5-1-4：任意後見の手続の流れ】

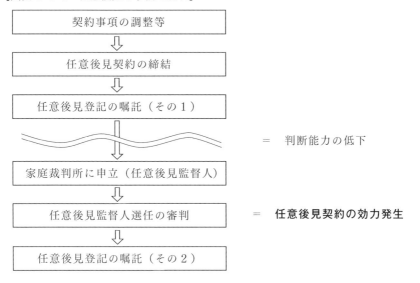

　任意後見契約が締結されると、公正証書を作成した公証人が法務局に**登記嘱託**します（公証人法 57 条ノ 3）。

　任意後見契約時の登記すべき事項については、**【図表 5-1-5：任意後見契約時の登記すべき事項】**のとおりです（後見登記法 5 条各号）。

【図表 5-1-5：任意後見契約時の登記すべき事項】

公正証書を作成した公証人の氏名。所属法務局・証書番号　（＊）
本人の氏名・生年月日・住所・本籍　（＊）
任意後見受任者の氏名（名称）・住所（＊）
任意後見受任者の代理権の範囲　（＊）
共同任意後見受任者の職務分掌
登記番号　（＊）

（＊）は必須事項

（b）効力発生

　任意後見監督人選任の審判により任意後見契約の効力が発生すると、管轄した家庭裁判所の書記官が法務局に登記を嘱託し（家事事件手続法 116 条 1 号）、任意後見監督人の氏名（名称）・住所が登記されます。

（c）変　更

　任意後見人の解任など審判による変更については、管轄した家庭裁判所の書記官が法務局にその旨の登記を嘱託します（家事事件手続法 116 条 1 号）。

　本人の住所の変更などについては、任意後見人等の関係者がその旨の登記を申請しなければなりません（後見登記法 7 条）。

（d）終　了

　本人の死亡や任意後見契約の解除などにより任意後見契約が終了した場合には、任意後見人等の関係者が任意後見契約の終了の登記を申請しなければなりません（後見登記法 8 条）。

　審判による任意後見契約の終了については、管轄した家庭裁判所の書記官が法務局にその旨の登記を嘱託します（家事事件手続法 116 条 1 号）。

（4）登記事項証明書

①　種　類

　成年後見に関する登記事項証明書には、法定後見等の類型ごとの証明書、任意後見に関する証明書と「**登記がされていないことの証明書**」があります。

　保佐に関する証明書には必要に応じて代理行為目録が、補助に関する証明書には必要に応じて同意行為目録・代理行為目録が、任意後見に関する証明書には代理行為目録が付加されています。

②　請求権者

　登記事項証明書等の交付請求ができるのは、取引の安全とプライバシーの保護との調和の観点から不動産登記等と異なり、本人・一定の親族・後見人等に限定されています（後見登記法10条）。なお、取引の相手方であることを理由に交付請求をすることはできません。

③　請求方法等

　登記事項証明書等は、東京法務局の後見登録課または各法務局に赴くか、郵送により交付請求することができます。

　登記事項証明書等の交付請求をする場合には、手数料を納付し（後見登記法11条）、運転免許証等の本人確認書類を提示するとともに、親族関係を証するための戸籍謄本等の添付が必要となる場合があります。また、代理人により交付請求をすることもできますが、その場合には請求権者から代理人への委任状を添付しなければなりません【記載例5-1-6：登記事項証明書（後見）】（p.210）、【記載例5-1-7：登記事項証明書（任意後見（効力発生後））】（p.211）。

【記載例 5-1-6：登記事項証明書（後見）】

登 記 事 項 証 明 書

後　見

後見開始の裁判
　【裁　判　所】東京家庭裁判所
　【事件の表示】令和○年（家）第○○○号
　【裁判の確定日】令和○年 7 月 23 日
　【登記年月日】令和○年 7 月 31 日
　【登記番号】第 20△△-○○○○○号

成年被後見人
　【氏　　　名】山田　太郎
　【生年月日】昭和○年 3 月 5 日
　【住　　　所】東京都千代田区麹町一丁目△番地
　【本　　　籍】東京都世田谷区成城○番

成年後見人
　【氏　　　名】山田　一郎
　【住　　　所】東京都渋谷区代々木三丁目△番□号
　【選任の裁判確定日】令和○年 7 月 23 日
　【登記年月日】令和○年 7 月 31 日

上記のとおり後見登記等ファイルに記録されていることを証明する。

　　　令和○年 9 月 14 日

　　　　　東京法務局　登記官　　　　　　　　　後　見　太　郎　[印]

　　　　　　　　　　　［証明書番号］　20□□-○○○○　　　（1／1）

【記載例 5-1-7：登記事項証明書（任意後見（効力発生後））】

登 記 事 項 証 明 書

任意後見

任意後見契約
　　【公証人の所属】東京法務局
　　【公証人氏名】高橋　一男
　　【証書番号】平成○年第○号
　　【作成年月日】平成○年 11 月 15 日
　　【登記年月日】平成○年 11 月 20 日
　　【登記番号】第 20○○-○○○○○号

任意後見契約の本人
　　【氏　　　名】山田　太郎
　　【生年月日】昭和○年 3 月 5 日
　　【住　　　所】東京都千代田区麹町一丁目△番地
　　【本　　　籍】東京都世田谷区成城○番

任意後見人
　　【名称又は商号】司法書士法人柏木事務所
　　【主たる事務所又は本店】東京都中央区銀座三丁目△番□号
　　【代理権の範囲】別紙目録記載のとおり

任意後見監督人
　　【氏　　　名】林　一郎
　　【住　　　所】東京都新宿区西新宿五丁目△番□号
　　【選任の裁判確定日】令和○年 12 月 1 日
　　【登記年月日】令和○年 12 月 8 日

［証明書番号］　20○○-○○○○　　　（1／2）

登記事項証明書（別紙目録）

代理権目録（1/1）

別紙

任意後見契約代理権目録

1　甲に帰属する不動産、動産等すべての財産の保存、管理及び処分に関する事項＿＿＿＿＿＿＿＿＿＿＿＿＿＿＿＿＿＿＿＿＿＿＿＿＿＿＿

2　金融機関、郵便局、証券会社とのすべての取引に関する事項＿＿＿＿＿＿

3　保健契約（類似の共済契約等を含む）に関する事項＿＿＿＿＿＿＿＿＿

（〜略〜）

15　復代理人の選任、事務代行者の指定に関する事項＿＿＿＿＿＿＿＿＿

16　以上の各事項に関連する一切の事項＿＿＿＿＿＿＿＿＿＿＿＿＿＿

以上

上記のとおり後見登記等ファイルに記録されていることを証明する。

令和〇年 12 月 20 日

東京法務局　登記官　　　　　　　　後 見 太 郎　印

［証明書番号］　20□□-〇〇〇〇　　　（2／2）

2 財団登記

（1）アウトライン

① 意義等

　財団とは、法定された事業の経営のための土地・建物・機械器具などと、当該事業に関する免許・特許などが有機的に一体となったものであり、特別法に基づき当該財団に（根）抵当権を設定するための制度を**財団抵当**といいます。

② 財団抵当の種類

　財団抵当には、登記が成立要件とされる工場抵当法に基づく**工場財団抵当**、鉱業抵当法に基づく**鉱業財団抵当**、漁業財団抵当法に基づく**漁業財団抵当**、道路交通事業抵当法に基づく**道路交通事業財団抵当**、観光施設財団抵当法に基づく**観光施設財団抵当**、港湾運送事業法に基づく**港湾運送事業財団抵当**があり、対象となる財団は1個の不動産とみなされます。

　その他の財団抵当として、登録等を要件とする鉄道抵当法に基づく鉄道財団抵当、「軌道ノ抵当ニ関スル法律」に基づく軌道財団抵当、運河法に基づく運河財団抵当があります。

　実務において登場するケースのほとんどは工場財団抵当であり、鉱業財団抵当等では工場抵当法の規定が数多く準用されています。

（2）**工場財団**

① 意義等

　工場財団とは、1個または複数の工場のⅰ）土地、ⅱ）建物等の工作物、ⅲ）機械・器具・電柱・電線・配置諸管その他の附属物、ⅳ）地上権、ⅳ）**賃借権**、ⅴ）工業所有権、ⅵ）ダム使用権の一部又は全部をもって財団を組成し（工場抵当法8条・11条）、当該財団を（根）抵当権の目的とするというものです（工場抵当法14条2項）。

　工場財団は、その所有権保存登記によって成立し、工場財団登記簿に登記されることになります（工場抵当法9条・18条）。

②　狭義の工場抵当

　工場抵当法においては2つの方法の抵当権を規定していますが、1つは工場財団であり、もう1つは個々の不動産を対象とする抵当権である、いわゆる「狭義の工場抵当」です。

　狭義の工場抵当は、工場財団抵当を設定するよりも簡便な手続で、民法上の抵当権よりも強化された効力を得られるというものであり、個々の対象不動産にくわえて工場に備えられた機械・器具にも抵当権の効力を及ぼすことができます（工場抵当法2条）。なお、その場合の登記申請には、実務上いわゆる「**3条（機械器具）目録**」を添付することになります（工場抵当法3条）。

③　登記手続等

（a）前提登記等

　不動産や自動車等の登記・登録の制度のある工場財団組成物件については、工場財団の保存登記を申請する前に、それらについての登記または登録をしなければなりません。たとえば、不動産の賃借権を組成物件とする場合には、あらかじめ不動産賃借権設定登記を完了しておく必要があります。

（b）所有権保存登記の申請

　工場財団の所有権保存登記は工場財団の所有者が単独で申請することになります。

　工場財団の所有権保存登記申請における実務上の固有の添付書類としては、**工場財団目録**（工場抵当法22条）と**工場図面**（工場抵当登記規則22条1項）があります。工場財団目録とは工場財団の組成物件を明らかにするものであり、工場図面とは各組成物件の所在を特定するためのものです。

　当該保存登記申請の登録免許税については、3万円を納付します（登免税別表1・5（1））。

（c）官報公告

　組成物件に登記・登録制度のない動産がある場合には、他人の権利または差押・仮差押・仮処分の目的となっていないことを確認するため、登記官の職権により1か月から3か月の期間（実務上は32日間）を定めて**官報公告**がなされます（工場抵当法24条1項）。

　公告期間中に利害関係人からの権利を有する旨の申出がない場合には、それ

らの権利が存在しないものとみなされます（工場抵当法 25 条）。

（d）所有権保存登記の実行

前記の（c）官報公告の期間満了後、その他の却下事由がない場合には、工場財団所有権保存登記が実行され、工場財団の効力が発生します【登記記録例 5-2-1：工場財団登記簿（抜すい）】。

【登記記録例 5-2-1：工場財団登記簿（抜すい）】

甲　区（所有権）		財団表題　部（財団表示）
順位番号	壱	令和〇年弐月壱日受付
事項欄	所有権保存 令和〇年弐月壱日受付第〇〇〇〇号 所有者　東京都港区東麻布一丁目〇番〇号 ＡＢＣ工業株式会社 令和〇年四月七日登記	工場の名称及び位置 ＡＢＣ工業ソーラーファーム 東京都府中市本町一丁目〇番〇号 主たる営業所 東京都港区東麻布一丁目〇番〇号 営業の種類 太陽光発電

（e）抵当権設定登記

工場財団の所有権保存登記後 **6 か月以内**に（根）抵当権設定登記がなされない場合には、保存登記の効力が失われるため（工場抵当法 10 条）、当該期間内に（根）抵当権設定登記を申請する必要があります。なお、既存の（根）抵当権の登記抹消後についても 6 か月以内にあらたな（根）抵当権設定登記を申請しなければ工場財団は失効することになります（工場抵当法 8 条 3 項）。

工場財団に対する抵当権設定の登録免許税については、一般的な抵当権設定登記の場合（債権額の 1000 分の 4）と異なり、債権額に 1000 分の 2.5 を乗じて算定した額を納付します（登免税法別表 1・5（2））【図表 5-2-2：工場財団抵当

権登記手続の流れ】。

【図表 5-2-2：工場財団抵当権登記手続の流れ】

各組成物件の前提登記

⇩

工場財団の所有権保存登記申請

⇩

官報公告（職権）

⇩　　　　　（1～3か月）

工場財団の所有権保存登記実行

⇩　　　　　（6か月以内）

工場財団への抵当権設定登記申請

3 特殊な登記

（1）アウトライン

　このパートでは、普段はあまり実務でも触れることの少ない特殊な登記について取り上げます。

　具体的には、明治時代に制度化された「立木（りゅうぼく）登記」・「夫婦財産契約登記」と動産抵当制度に関する登記の概要をガイダンス的に紹介することとします。なお、動産抵当制度には、法務省所管の登記を対抗要件とする船舶・建設機械・農業用動産を対象とするものと、国土交通省所管の登録を対抗要件とする自動者・航空機を対象とするものとがありますが、ここでは前者についてのみ言及することとします。

（2）立木登記

　土地に生立している樹木は、土地の定着物として土地の構成物となるのが原則であり（民法86条1項）、その処分等については土地の所有権等の利用権にしたがうことになります。

　一方、日本では明治期の民法の制定以前から樹木を土地の所有権等の利用権と切り離し、独立した財産として処分するという慣行がありました。その場合の対抗要件としては、樹木の皮を削って名前を書くといった、いわゆる**明認方法**がとられていましたが、消失等により取引の安全が確保できない懸念がありました。

　そのような懸念に対応するかたちで「立木ニ関スル法律」が制定され、一定の樹木の集団（**立木**）を登記することにより、立木をその生立している土地とは別個の**不動産とみなし**、独立して所有権・抵当権・先取特権の目的として対抗要件を備えることができることとされています（立木法2条）。

　立木登記は立木が生立する土地を管轄する法務局が所管し、立木登記簿は立木ごとに表題部と権利部（甲区）・権利部（乙区）で構成され（立木法14条）、表題部には立木が生立する土地の表示（不登法34条）のほか、樹種・樹齢・数量等が登記されます（立木法15条1項）。

（3）夫婦財産契約登記

　夫婦財産契約とは、夫婦となる者が**婚姻の届出前**に、その財産について法定財産制（民法760条〜762条）と異なった定めをするというものです（民法755条）。夫婦財産契約については、婚姻の届出前に夫婦財産契約登記をしなければ、夫婦の承継人や第三者に対抗することができません（民法756条）。

　夫婦財産契約登記の手続は、「外国法人の登記及び夫婦財産契約の登記に関する法律」に基本的な事項が規定され、その細則として「夫婦財産契約登記規則」が設けられています。

　夫婦財産契約登記は夫または妻となる者の居住地を管轄する法務局が所管し、夫婦財産登記簿には、ⅰ）契約者欄として夫婦となる契約当事者の氏名・住所、ⅱ）夫婦財産契約欄として登記の目的・原因と原因日付・契約の内容、ⅲ）登記記録欄として登記記録を起こした事由等とその年月日を記録するものとされています（夫婦財産契約登記規則1条・別表）。

（4）船舶登記

　船舶は、古くから資産価値の高い動産として売買や担保などの取引の対象となっていました。そこで、船舶の取引の安全と円滑を図るために権利関係を公示することとしたものが船舶登記です。船舶登記をすることにより所有権・抵当権・賃借権についての対抗要件を備えることができます（商法687条・847条・701条）。

　船舶については、法務省が所管する船舶登記とともに、公法上の必要性から国土交通省が所管する**船舶登録**という二重の仕組みが採用されています。

　船舶登記に関して基本となる法律として、商法「第3編　海商」（商法684条〜）と船舶法とが重層的に適用され、手続的な細則として「船舶登記令」と「船舶登記規則」が設けられています。

　船舶登記は船籍地を管轄する法務局が所管し（船舶登記令4条）、船舶登記簿は船舶ごとに表題部・権利部（甲区）・権利部（乙区）・船舶管理人部（丙区）で構成されています（船舶登記規則2条）。

　船舶登記の対象となるのは、日本国籍を有する**総トン数20トン以上**で動力により航行する船舶です（船舶法1条・20条、商法684条・686条2項）。なお、

船舶管理人とは船舶が共有であるときに選任しなければならない者で（商法697条1項）、船舶の共有者に代わって船舶の利用に関する一切の権限を有します（商法698条1項）。

（5）建設機械登記

　民法上、動産は抵当権の目的とすることはできませんが、建設工事の大規模化・機械化が進む中で建設業者の円滑な資金調達を可能とするため、建設業法で規定される建設機械に抵当権を設定することを認め、これを**建設機械抵当**といい、それに関する登記が建設機械登記です。

　建設機械登記の基本法は「建設機械抵当法」であり、登記手続の細則として「建設機械登記令」と「建設機械登記規則」が設けられています。

　既登記の建設機械の所有権・抵当権の得喪等は登記をしなければ第三者に対抗することはできません（建設機械抵当法7条）。

　建設機械登記は建設機械に打刻された都道府県を管轄する法務局が所管し（建設機械登記令1条）、建設機械登記簿は建設機械ごとに表題部・権利部（甲区）・権利部（乙区）で構成されています（建設機械登記令3条、建設機械登記規則2条）。

（6）農業用動産登記

　民法上、動産は抵当権の目的とすることはできませんが、建設機械と同様に、中小農水産業者の円滑な資金調達を可能とするため、農業動産信用法・農業動産信用法施行令で規定される農業用動産に抵当権を設定することを認め、これを**農業用動産抵当**といい、それに関する登記が農業用動産登記です。

　農業用動産登記の基本法は「農業動産信用法」であり、登記手続の細則として「農業動産抵当登記令」と「農業動産抵当登記規則」が設けられています。

　農業用動産の抵当権の得喪等は登記をしなければ善意の第三者に対抗することはできません（農業動産信用法13条1項）。

　農業用動産抵当登記は農業用動産の所在地を管轄する法務局が所管し（農業動産抵当登記令2条1項）、農業用動産抵当登記簿は農業用動産ごとに表題部・権利部（甲区）・権利部（乙区）で構成されています（農業動産抵当登記令4条、農業動産抵当登記規則2条）。

| NOTE ⑩ | 渉外登記

　「渉外登記」というカテゴリーは、それほどメジャーなものではないかもしれませんが、近年のグローバル化に伴い注目を集めています。

　渉外登記には一義的な定義はありませんが、当事者ほかの関係者が外国人（法人）であったり、在外日本人が関わるケースにおける日本の登記手続という整理をすることができるかと思います。具体的には、不動産登記であれば、相続登記において被相続人や相続人が外国人である場合や、売買による所有権移転登の売主（登記義務者）である日本人が外国に居住している場合があげられます。また、商業・法人登記であれば、外国会社が日本における営業所を設置する場合や、外国人（法人）が日本の会社に出資する場合があげられます。

　渉外登記には、ドメスティックな国内での通常の登記手続とは異なる難しさがあります。第1には適用すべき法令の問題があげられます。たとえば日本の不動産の所有者である外国人に相続が発生した場合に、登記手続自体は日本の不動産登記法に基づく処理となりますが、そもそもの相続に関する実体的な法律については、当該外国人の本国法が適用されるのか、それとも日本の民法が適用されるのかをジャッジする必要があります。ちなみに、この問題については、まず「法の適用に関する通則法」（平成18年法律78号）により検討することになります。

　第2には登記申請において添付する書面の問題があげられます。たとえば、売買による所有権移転登の売主（登記義務者）が国内に居住する日本人であれば住所地の市町村長が発行する印鑑証明書を添付するのが原則ですが、国外に居住する日本人の場合には、そのようなかたちで印鑑証明書の発行を受けることができず、その居住地の日本領事館で、いわゆる「サイン（署名）証明書」を取得してもらうのが一般的です。つまり、日本では当然とされる書面について、外国では制度として存在しなかったり、用意することが困難であるということも少なくありませんので、代替となる書面を検討する必要があります。

　第3にはコミュニケーション等の問題があげられます。当事者が外国人の場合にはダイレクトに言語の違いによる意思疎通の難しさもありますが、異なる文化や慣習という面でのハードルも低くありません。また、書類の授受についても、国内でのやりとりに比べ時間を要することともに、郵送等のデリバリー方法にも留意する必要があります。

参考文献等の紹介

〜さらに知識を深めたいあなたへ〜

　本書は入門書という位置づけになりますので、実務での対応や詳細について深く知りたいという皆さんに有用と思われるＷＥＢ情報と書籍を紹介しておきます。

不動産登記

- ・「登記―不動産登記―」法務省
　　http://www.moj.go.jp/MINJI/fudousantouki.html
- ・『不動産登記法〔第2版〕』山野目章夫（商事法務、2020年）
- ・『条解　不動産登記法』七戸克彦監修、日本司法書士会連合会・日本土地家屋調査士会連合会編（弘文堂、2013年）
- ・『Ｑ＆Ａ　不動産登記法』清水響（商事法務、2007年）

商業・法人登記

- ・「登記―商業・法人登記―」法務省
　　http://www.moj.go.jp/MINJI/houjintouki.html
- ・『商業登記ハンドブック〔第4版〕』松井信憲（商事法務、2021年夏刊行予定）
- ・『新・法人登記入門〔増補改訂版〕』神﨑満治郎（テイハン、2018年）
- ・『論点解説　商業登記法コンメンタール』神﨑満治郎・金子登志雄・鈴木龍介編（金融財政事情研究会、2017年）

動産・債権譲渡登記

- ・「動産・債権譲渡登記」法務省
　　http://houmukyoku.moj.go.jp/homu/static/goannai_index_saikendousan.html
- ・『動産・債権譲渡登記の実務〔第2版〕』日本司法書士会連合会編

（金融財政事情研究会、2016 年）

その他の登記

・「成年後見制度～成年後見登記制度」法務省
　　http://www.moj.go.jp/MINJI/minji17.html
・『Ｑ＆Ａ　権利に関する登記の実務 XV　第 8 編　嘱託登記／各種財団等
　に関する登記／船舶に関する登記／その他の登記』不動産登記実務研究会
　編（日本加除出版、2016 年）
・『詳細　登記六法』（金融財政事情研究会、毎年改訂）

事項索引

な　行

は　行

編著者略歴

＜編著者＞

鈴木　龍介（すずき　りゅうすけ）

　司法書士（簡裁訴訟代理等関係業務認定）／行政書士

　司法書士法人鈴木事務所 代表社員

　http://www.suzukijimusho.com/

　＜主な役職等＞

　・日本司法書士会連合会 司法書士総合研究所 主任研究員

　・リスクモンスター株式会社（東証2部）社外取締役（監査等委員）

　・日本登記法学会 理事

　・慶應義塾大学大学院 法務研究科 非常勤講師：担当授業「登記実務」

　＜主な著作等＞

　・『「事業承継法」入門』（中央経済社、2020年）

　・『商業・法人登記360問』（テイハン、2018年）

　・『論点解説 商業登記法コンメンタール』（金融財政事情研究会、2017年）

　・『議事録作成の実務と実践』（第一法規、2017年）

　・『商業・法人登記先例インデックス』（商事法務、2012年）

＜著者（50音順）＞

秋元　裕太（あきもと　ゆうた）

　司法書士（簡裁訴訟代理等関係業務認定）／宅地建物取引士

　くつぬぎ司法書士事務所　所属

　https://tos-group.co.jp/

　＜主な役職等＞

　・東京司法書士会 防災対策委員会 委員

海老沼　学（えびぬま　まなぶ）

　司法書士（簡裁訴訟代理等関係業務認定）

　海老沼司法書士事務所 代表

　http://ebi-shihou.com

鈴木　泰介（すずき　たいすけ）

　土地家屋調査士

　土地家屋調査士鈴木泰介事務所 代表

　http://www.suzuki-office.net/

　＜主な役職等＞

　・日本土地家屋調査士会連合会 副会長

　・千葉地方法務局 筆界調査委員

　＜主な著作等＞

　・『実務に活かす 判例登記法』（金融財政事情研究会、2021 年）

　・『事例式表示登記申請マニュアル』（新日本法規、2017 年）

　・『境界紛争事件処理マニュアル』（新日本法規、2015 年）

永渕　圭一（ながふち　けいいち）

　司法書士（簡裁訴訟代理等関係業務認定）／行政書士

　司法書士・行政書士ながふち事務所 代表

　＜主な著作等＞

　・『企業法研究の序曲（Ⅷ）企業法学論集第 8 号』（同友館、2020 年）

　・『ケース別 株式会社・有限会社の役員変更登記の手続〔改訂増補版〕』（日
　　本法令、2019 年）

　・『司法書士＆行政書士に読んでほしい 会社設立時の税務の話』（日本法令、
　　2016 年）

古屋　奈穂美（ふるや　なおみ）

　司法書士（簡裁訴訟代理等関係業務認定）

　司法書士法人ライブ事務所 所属

　　http://www.ripe-firm.com/

　＜主な役職等＞

　・法と教育学会 会員

　＜主な著作等＞

　・「改正会社法・登記規則対応 総会後の登記実務」（ビジネス法務 Vol.15・

No.6（2015 年））
・「送電線地役権の前提知識」（月刊登記情報 636 号（2014 年））

本橋　寛樹（もとはし　ひろき）
司法書士（簡裁訴訟代理等関係業務認定）
司法書士法人 F & Partners 社員
https://www.256.co.jp/
＜主な役職等＞
・日本司法書士会連合会 動産・債権譲渡登記推進委員会 委員
・駒澤大学 法学部 非常勤講師：担当授業「登記法」
・日本登記法学会 会員
＜主な著作等＞
・「遺産整理業務における「相続財産の調査と解約等手続のヒケツ」」（月刊
　登記情報 695 号（2019 年）〜連載中)
・『司法書士が“ここだけは”税理士に伝えたい中小企業における株主・役
　員の法務Ｑ＆Ａ』（中央経済社、2020 年）

登記法入門
──実務の道しるべ

2021年6月28日　初版第1刷発行

編 著 者　　鈴 木 龍 介

発 行 者　　石 川 雅 規

発 行 所　　鱗 商 事 法 務
　　　　　　〒103-0025 東京都中央区日本橋茅場町3-9-10
　　　　　　TEL 03-5614-5643・FAX 03-3664-8844〔営業〕
　　　　　　TEL 03-5614-5649〔編集〕
　　　　　　https://www.shojihomu.co.jp/

落丁・乱丁本はお取り替えいたします。　印刷／そうめいコミュニケーションプリンティング